ABHANDLUNGEN

AUS DEM

STAATSWISSENSCHAFTLICHEN SEMINAR

ZU

STRASSBURG i. E.

HERAUSGEGEBEN

VON

G. F. KNAPP UND W. WITTICH.

HEFT XXXI.

HERMANN ILLIG:
DAS GELDWESEN FRANKREICHS.

STRASSBURG
VERLAG VON KARL J. TRÜBNER
1914

DAS GELDWESEN FRANKREICHS ZUR ZEIT DER ERSTEN REVOLUTION BIS ZUM ENDE DER PAPIERGELDWÄHRUNG.

VON

DR HERMANN ILLIG.

STRASSBURG.
VERLAG VON KARL J. TRÜBNER.
1914.

M. DuMont Schauberg, Straßburg.

MEINER MUTTER.

VORWORT.

Über das Geldwesen Frankreichs zur Zeit der ersten Revolution besteht eine umfangreiche Gesetzgebung und Literatur. Sie sind aber erfüllt von unklaren Vorstellungen über das Wesen des Geldes und seine Stellung im staatlichen Wirtschaftsleben. Im folgenden ist der Versuch gemacht worden, die Geldverhältnisse der genannten Periode, um zu einer zureichenden Erklärung der in Betracht kommenden Erscheinungen zu gelangen, vom Standpunkt des Staates aus zu betrachten.

Um einen festen Hintergrund zu gewinnen, war es notwendig, eine knappe Darstellung des Geldsystems vor der Revolution zu geben. Es kam zunächst einmal darauf an, die aus der gewählten Betrachtungsweise sich ergebenden Hauptgesichtspunkte festzulegen, also die Stellung der einzelnen Geldarten im Innern des Staates zu präzisieren und eine Erklärung des Geldverkehrs mit dem Auslande, das heißt des auswärtigen Wechselkurses, zu geben.

Straßburg i. E., im Dezember 1913.

Hermann Illig.

INHALTSVERZEICHNIS.

LITERATUR-VERZEICHNIS.

G. F. KNAPP, Staatliche Theorie des Geldes, Leipzig 1905.

SAMMLUNGEN FRANZÖSISCHER GESETZE.

I. Vor 1789:

Abonnement des édits et arrêts pour la ville de Paris et toutes les provinces et villes du Royaume.

Sammlung französischer Gesetze im Strassburger Stadtarchiv, zum Teil sich deckend mit dem Abonnement.

Recueil des édits, déclarations, lettres patentes et arrêts du conseil des rois Louis XIV et XV, enregistrés en la chambre des comptes, cour des aides, domaines et finances ci-devant séante à Dôle, Besançon 1778.

Recueil général des anciennes lois françaises par Jourdan, Isambert et Decrusy, Band 21 bis 28, Paris 1826, 1827.

Code Louis XV, Band 1—12, Paris 1758 bis 1760.

II. Von 1789 ab:

Lois, décrets, ordonnances, réglements, avis du conseil d'état par J. B. Duvergier, Paris 1834.

Recueil général des lois, décrets, ordonnances etc...., publié par les rédacteurs du journal des notaires et avocats, Paris 1836.

Code général français par J. Desenne, Paris 1820.

Collection des décrets de l'assemblée nationale constituante, redigée par M. Arnoult, Dijon 1792.

Collection des décrets de l'assemblée nationale législative, redigée par M. Arnoult, Dijon 1792.

Bulletin des lois, Band 1 ff., vom 22. prairial an II ab.

Bulletin annoté des lois, décrets et ordonnances, par M. Lepec, Paris 1834.

Gazette nationale ou Moniteur universel, 1789 ff.

BENÜTZTE LITERATUR.

Arnoult, Histoire générale des finances de la France.

Artikel über Assignaten von Ehrenberg im Handwörterbuch der Staatswissenschaften, 3. Auflage.

Berry, Etudes et recherches historiques sur les monnaies de France, Paris 1853.

Boiteau, Paul, Etat de la France en 1789, Paris 1889 (2me ed.).

Courtois, Alph., Histoire des banques en France, 2. Auflage, Paris 1886.

Dalloz, M. D., Répertoire de législation, de doctrine et de jurisprudence, Paris.

Gomel, Charles, les causes financières de la révolution française, Paris 1892/1893 2. Band.

— — Histoire financière de l'assemblée constituante, Paris 1896/1897.

— — Histoire financière de la législative et de la Convention Paris 1902/1905.

Hoffmann, Réflexions sur les moyens de favoriser la circulation des assignats et de leur rendre leur valeur réelle, Strasbourg 1792.

La Révolution française, Revue Historique, Directeur-rédacteur en chef F. A. Aulard, Band 15, 16, 19.

Ramel, Des finances de la République Française en l'an IX, Paris an IX.

Stourm, René, Bibliographie historique des finances de la France au 18me sièele, Paris 1895.

— — Les finances de l'ancien régime et de la Révolution, Paris 1885.

Tableaux de dépréciation du papier-monnaie, réédités par Pierre Caron, Paris 1909.

Thiers, M. A., Histoire de la Révolution Française, 13me édition, Paris 1845.

de Waha, in Vierteljahrsschrift für Social- und Wirtschaftsgeschichte, Band 1, Seite 277 ff.

I. Abschnitt.

DAS FRANZÖSISCHE GELDWESEN VON 1726 BIS 1788: DIE SILBERWÄHRUNG.

Um das Geldwesen der ersten französischen Revolution zu verstehen, genügt es nicht, mit dem Jahre 1789 anzufangen; vielmehr sind zunächst diejenigen Gesetze aufzusuchen, auf denen im Jahre 1789 das französische Geldwesen aufgebaut war.

Zu Beginn des 18. Jahrhunderts änderte die Gesetzgebung beständig den spezifischen Gehalt der Louis- und Ecusstücke. Schließlich gaben Gesetze vom Januar, Mai und Juni 1726, die unter anderem eine Umschmelzung aller Münzen anordneten, und einige spätere arrêts dem französischen Geldwesen feste Formen.

Geldeinheit war 1726 der livre, der aus früherer Zeit herrührte. Der livre zerfiel in 20 sous, der sou in 12 deniers.

Das Geldwesen wies für die Zeit von 1726 bis 1788 Münzen und Papiergeld auf.

§ 1.
DAS MÜNZSYSTEM AUF GRUND DER MÜNZPATENTE VON 1726.

Was zunächst die Münzen angeht, so gab es Gold-, Silber-, Billon- und Kupfermünzen.

Die Goldmünzen hießen Louis, in Deutschland Schildlouis. Es gab einfache, doppelte und halbe Louis. Die Geltung war auf ihnen nicht vermerkt. Man scheint sich schon damals darüber klar gewesen zu sein, daß die Bewertung der Münzen nicht in die Münztechnik gehört; sie sollte ausschließlich durch Rechtsakt festgesetzt werden. 1726 finden wir zweimal eine verschiedene Begültigung der einfachen Louis, nämlich im Januar[1]) von 20, im Mai[2]) von 24 livres. Diese letzte Geltung behielten sie dann dauernd. Vom Mai ab galten die halben und doppelten Louis 12 und 48 livres. Aus dem marc d'or, nach dem heutigen Gewicht aus etwas über 244 Gramm bestehend, wurden 30 einfache Louis ausgebracht, falls das Gold 22 Karat, d. h. $^{916,66}/_{1000}$ fein war.

Die Hauptsilbermünze war der écu; es gab außerdem $^{1}/_{2}$, $^{1}/_{5}$, $^{1}/_{10}$ und $^{1}/_{20}$ écu. In Deutschland nannte man den écu Laubthaler. Die Geltung war auch auf den Silbermünzen nicht angegeben. Sie wurde für den écu im Mai 1726 von 5 auf 6 livres erhöht; seiner Geltung nach blieb er auch im Mai 1726 $^{1}/_{4}$ des Louis.[3]) Die kleineren Stücke galten von da ab 3 livres, 24, 12 und 6 sous.

Aus dem marc d'argent wurden $8^{3}/_{10}$ écus ausgebracht, falls das Silber $^{916,66}/_{1000}$ oder, wie man sich damals für das Silber ausdrückte, 11 deniers[4]) fein war. Für die kleineren Silbermünzen war das Gewicht proportional zu ihrer Begültigung geregelt.

Die Billonmünzen enthielten hauptsächlich Kupfer ($9^{1}/_{2}$ deniers) und nur $2^{1}/_{2}$ deniers Silber, d. h. sie waren von der Feinheit $^{208,44}/_{1000}$. Während es ursprünglich auch Stücke von $^{3}/_{4}$, 1, $1^{3}/_{4}$ und $2^{1}/_{2}$ sous[5]) gab, kamen in der zweiten Hälfte des 18. Jahrhunderts im Verkehr nur noch Billonmünzen mit der Begültigung von 2 und $1^{1}/_{2}$ sous vor. Aus einer Mark des Münzguts wurden 112 2-sous-Stücke geprägt.

---

[1]) Édit du mois de janvier 1726.

[2]) Arrêt du conseil vom 26. Mai 1726.

[3]) Es wurde also die Proportion von Gold und Silber nicht geändert.

[4]) Das Wort denier bedeutete dreierlei:

a) entweder Gewichtseinheit gleich dem 192. Teil eines marc;

b) oder Münzeinheit gleich $^{1}/_{12}$ eines sou;

c) oder, wie hier, Feinheit des Silbers; feinstes Silber war von 12 deniers Feinheit.

[5]) Arrêt du conseil vom 8. Juni 1726, 28. November 1729, 1. August 1738; édit du mois d'octobre 1738.

Für das Inland fanden unter Ludwig XVI. keine Neuprägungen von Billonmünzen mehr statt.

Die Kupfermünzen schließlich hatten die Geltung von 1 sou (oder 12 deniers), 1/2 sou (oder 6 deniers) und 1/4 sou (oder 3 deniers oder 1 liard).[1]) In der Regel wurden etwa 20 sous aus der Mark Kupfer geprägt.

Bei allen Münzen waren bedeutende Remedien für das Gewicht und außer bei den Kupfermünzen auch für den Feingehalt zugelassen.

Bei platischer Betrachtung des französischen Münzwesens sind demnach als charakteristische Punkte festzuhalten:

Der Münzfuß wurde — wie auch heutzutage in Frankreich — nach dem legierten Metall, nicht nach dem Feingehalt angegeben. Die Begültigung der Münzen war dem Dezimalsystem nicht angepaßt. Schließlich gab es im Gegensatz zum modernen französischen Geldwesen Münzen aus Billon, einer Mischung aus Kupfer, Zink und Nickel, die aber — besonders in der zweiten Hälfte des achtzehnten Jahrhunderts — den Kupfermünzen immer mehr weichen mußten.

Bei Unterscheidung der Geldarten nach dem, was die Rechtsordnung über die Verwandlung von Metall in Geld bestimmt (genetischer Unterscheidung), treten die Merkmale des französischen Geldwesens noch deutlicher hervor.

Gold und Silber waren unbeschränkt verwandelbar in Münzen. Der Staat nahm beide Metalle in den Münzstätten und in den in allen größeren Städten bestellten staatlichen Wechselbuden ab. Dabei machten die staatlichen Wechsler, «changeurs», für sich von jedem eingelieferten Gold- und Silberquantum einen besonderen Abzug. Die Münzdirektoren dagegen zogen nur den Schlagschatz ab. Er setzte sich zusammen aus dem droit de brassage des Münzdirektors — den eigentlichen Fabrikationsunkosten — und dem droit de seigneuriage, einer Steuer für den König. Diese Steuer, die wie jede andere erhöht werden konnte, war ein Hauptgrund der sogenannten Münzverschlechterungen.

[1]) Edit du mois d'août 1768 (früher édit vom 7. Mai 1719).

Dazu trug aber auch jedes Steigen des Preises auf dem Markte bei. Denn der Staat mußte, falls ein Edelmetall im Preise stieg und sich dauernd auf der Höhe hielt, den Abnahmepreis erhöhen, wenn er überhaupt Münzen prägen wollte. Um trotz des erhöhten Metallpreises zu seinem früheren Münzgewinn zu kommen, verringerte er dann den Edelmetallgehalt seiner Münzen.

Allmählich lernten die leitenden Finanzmänner in Frankreich einsehen, daß eine gleichbleibende Ausprägenorm der Münzen (hylogenische Norm) im allgemeinen Interesse liege. Sie hielten daher von 1726 ab an der einmal aufgestellten Norm fest. Stieg nun ein Edelmetall im Preise, und blieb dieser dann fest, so hatte dies mittelbar die Folge, daß das droit de seigneuriage geringer wurde, denn der Staat sah sich veranlaßt, bei gleichbleibender Ausprägenorm den Abnahmepreis der Edelmetalle zu erhöhen.

Die Entwickelung des Abnahmepreises beim Silber gestaltete sich seit 1726 folgendermaßen:

Während der Staat aus jedem marc d'argent seit 1726 49 livres 16 sous prägte, bezahlte er für das gleiche Quantum Silber von der Feinheit des Münzguts[1])

1726	46	livres	7	sous	3	deniers	
1727	47	„	2	„	8	„	
1755	47	„	18	„	4	„	, von
1771 ab	48	„	9	„	—	„	[2])

Der Schlagsatz — droit de brassage und droit de seigneuriage zusammen — sank entsprechend von 7 4/11 % im Jahre 1726 auf 1 1/8 % im Jahre 1785.

Beim Golde ist die Entwickelung völlig analog. Der Staat prägte aus dem marc d'or 720 livres, von 1785 ab 768 livres. Er zahlte für den marc d'or von der Feinheit des Münzguts[3])

---

[1]) Mit Berücksichtigung des Remediums von 3 grains war es von 10 deniers 21 grains (1 denier war gleich 24 grains).

[2]) Arrêt du conseil vom 15. Sept. 1771.

[3]) Mit Berücksichtigung des Remediums von 10/32 Karat war es von 21 22/32 Karat.

1726	678	livres	15	sous	—	deniers	
1729	680	„	5	„	2	„	
1755	691	„	11	„	11	„	
1771	709	„	—	„	—	„	
1785	748	„	15	„	2	„	
1785 bis Ende 1788	750	„	—	„	—	„	[1])

Der Schlagschatz sank entsprechend von $7\,^9/_{10}$ % im Jahre 1726 auf $1\,^4/_7$ % im Jahre 1771; er stieg wiederum auf $2\,^9/_{17}$ % im Jahre 1785 wegen der Änderung der Ausprägenorm des Goldes, auf die wir bald zu sprechen kommen werden.

Wer für mehr als 10000 livres Gold oder Silber, das aus dem Auslande stammte, zur Münze brachte, erhielt eine kleine Prämie.

Der Staat verschaffte den Edelmetallen durch die Festsetzung des Abnahmepreises eine untere Preisgrenze auf dem Markte, weil er sich zur jederzeitigen Abnahme von Gold und Silber nicht nur bereit erklärte, sondern auch verpflichtete (hyloleptische Norm). Eine obere Preisgrenze verschaffte er ihnen nicht, vor allem schon deshalb nicht, weil er für die Vollwichtigkeit seiner Münzen keine Sorge trug. Gold- und Silbergeld waren also bar, und für beide Metalle herrschte Hylolepsie. Die beiden Kupfergeldarten, die Billon- und Kupfermünzen, waren nicht frei ausprägbar; sie waren notal. Dies geht hervor aus einer Reihe von arrêts du conseil d'état du Roy, z. B. vom 4. Oktober 1782, welche die einzelnen Münzstätten jeweils für den Einzelfall anwiesen, bis zu einer festbestimmten Grenze Kupfer auszuprägen, namentlich aber aus den lettres patentes vom 5. April 1769. Als eine Konsequenz der Unterwertigkeit und insbesondere der notalen Natur dieser Münzarten betrachtete man das Verbot des Anbietens, der Annahme und des Imports ausländischer Kupfer- und Billonmünzen.[2])

Die Beziehungen des Geldes zum Metall waren schematisch ansgedrückt folgende:

[1]) Déclaration du Roy vom 30. Oktober 1785.

[2]) Arr. du conseil vom 1. Aug. 1738, 10. Mai 1769; arr. de la cour des monnaies vom 14. Oktober 1780 u. a. m.

Für Gold- und Silbermünzen siehe dagegen déclaration du Roy vom 7. Oktober 1755, 3. Juni 1758.

Geldarten	Beziehungen zum Metall		
	platische	genetische	dromische
Louis d'or von 12 livres			
24 »	Gold		
48 »			
Ecus von 6 »		bar	Hylolepsie
3 »			
Stücke von 24 sous	Silber		
12 »			
6 »			
2 »	Billon		
1 1/2 »			
1 sou		notal	keine Hylolepsie
1/2 »	Kupfer		
1/4 »			

Zur Vervollständigung der Übersicht über das französische Geldwesen dieser Zeit müssen wir noch die funktionellen Unterschiede der Münzen feststellen.

1. Die geläufigste Unterscheidung ist die nach dem Annahmezwang.

Das charakteristische Merkmal des staatlichen Geldes ist der allgemeine epizentrische Annahmezwang, d. h. der Annahmezwang für den Staat. Der Staat, oder präziser die staatliche Währungskasse, ist verpflichtet jede Geldart bis zu unbestimmter Höhe in Zahlung zu nehmen; ihr gegenüber gibt es kein Scheidegeld.

Anders im Verkehr, in dem Private als Gläubiger auftreten (anepizentrischer Verkehr). Hier gibt es Geldarten, die der Private nur bis. zu einem bestimmten Betrage annehmen muß.

Diesen Unterschied von epizentrischen und anepizentrischen Zahlungen machten die französischen Gesetze über das Geldwesen des achtzehnten Jahrhunderts nicht; sie schweigen. Er ist aber grundsätzlich zu fordern.

Im einzelnen lauten die Bestimmungen über den Annahmezwang folgendermaßen:

Die Louis d'or und die beiden Ecusstücke von 3 und 6 livres waren Kurantgeld („ils auront cours" sagen die Gesetze). Die Geldstücke mußten bei Strafe bei allen Zahlungen in unbegrenzter Höhe angenommen werden.

Alle übrigen Geldstücke waren Scheidegeld; nicht aber Scheidegeld mit einer absoluten, sondern mit einer relativen Höchstgrenze.

Die kleineren Silberstücke von 24, 12 und 6 sous mußten bei Zahlungen von 600 livres und mehr bis zu $^1/_{40}$ der Hauptschuld angenommen werden; so bestimmte das arrêt du conseil vom 22. August 1771. Daraus folgt:

Die kleineren Silberstücke mußten bei Zahlungen unter 600 livres zum vollen Betrage der Schuld angenommen werden; bei höheren Beträgen konnten sie immer, jedoch nur für einen Teil der zu zahlenden Summe, angebracht werden.

Der kritische Betrag war also relativ, nicht absolut geregelt.

Das Gesetz wurde 3 Jahre lang so gehandhabt. In einem arrêt vom 11. Dezember 1774 wurde aber festgestellt, daß ein Druckfehler das frühere arrêt verunstaltet hatte. Es sollte heißen, diese Münzarten müßten angenommen werden bis zu $^1/_{40}$ des Betrages bei Zahlungen von 600 livres und darunter (dessous statt dessus). Damit war der relativ höchste Betrag fest bestimmt und zwar auf 15 livres bei Zahlungen von 600 livres. Bei geringeren Zahlungen als 600 livres war der kritische Betrag geringer als 15 livres, bei höheren war kein Annahmezwang für diese Geldart vorhanden.

Was das Billongeld betrifft, so mußte es bis zum Betrage von 10 livres bei Zahlungen bis zu 400 livres angenommen werden. Der kritische Betrag war insofern absolut bestimmt. Bei Zahlungen über 400 livres mußten Billonmünzen bis zu $^1/_{40}$ der Hauptsumme angenommen werden. Der kritische Betrag war insofern relativ bestimmt.[1]) Eine andere Regelung fand in den achtziger Jahren statt.[2]) Billonmünzen von 2 und $1^1/_2$ sous

---

[1]) Extrait des registres v. 1. August 1738, édit du mois d'octobre 1738.

[2]) Arr. du conseil v. 21. Januar 1781.

brauchten nur soweit in Zahlung genommen zu werden, als die geschuldete Summe sich nicht völlig in Ecusstücken von 3 und 6 livres auszahlen ließ.

Der relativ höchste kritische Betrag für Billonmünzen war also 5 livres 19½ sous.

Der kritische Betrag für Zahlungen in Kupfermünzen schließlich war unseres Wissens nicht geregelt. Die Grundsätze über die Billonmünzen sind wohl für entsprechend anwendbar zu erklären.

Es ist selbstverständlich, daß es jedem freistand, mehr Scheidegeld in Zahlung zu nehmen als den gesetzlich bestimmten Betrag. Der Schuldner zahlte dann der Einfachheit halber in Säcken, in denen die betreffende Summe enthalten sein sollte. Wiederholt wurden genaue Anweisungen für die Zahlungsart in Säcken gegeben.[1]) Schließlich wurde überhaupt verboten, Scheidegeld — sowohl Silber wie Billon — in Säcken zu sammeln und damit seine Schuld zu bezahlen, weil infolge häufigen Betruges über den Inhalt der Säcke Treu und Glauben im Verkehr untergraben wurde.[2])

Alle Münzen mußten nach einer Reihe von „arrêts de la cour des monnaies" bei Strafe zur vollen ihnen vom Staate beigelegten Geltung (proklamatorischen Geltung) angenommen werden.[3])

Dies ist für uns selbstverständlich, mußte aber damals besonders für die unterwertigen Billonmünzen[4]) hervorgehoben werden gegenüber der herrschenden metallistischen Lehre.

Jeder Annahmezwang der Münzen hörte auf, wenn auf ihnen die Prägung nicht mehr zu ersehen war. War sie verschwunden, so wurden die Münzen zur Ware. Sie durften bei

[1]) Arr. du conseil vom 27. Juli 1728, extrait des registres vom 1. Aug. 1738, édit du mois d'oct. 1738.

[2]) Arr. du conseil vom 22. Aug. 1771, 11. Dez. 1774, 21. Jan. 1781.

[3]) Arr. de la cour des monnaies vom 31. Juli 1771, 20. Dez. 1777.

[4]) Arr. de la cour des monnaies vom 3. Sept. 1757, 27. Juli 1771.

Strafe nicht einmal mehr zu ihrer proklamatorischen Geltung im Verkehr angenommen werden.[1])

Sie sollten wie verrufene[2]) Münzen aus dem Zahlungsverkehr ferngehalten und zur Münzstätte gebracht werden. Den Verlust trug nicht der Staat, sondern der letzte Inhaber der Münze.[3]) Verrufene Münzen wurden vor dem Jahre 1755 sogar konfisziert, ohne daß dem Inhaber ein Entgelt gewährt wurde. — Ein Passiergewicht gab es nicht.

2. Bestimmungen über den Annahmezwang kommen schon bei verhältnismäßig unentwickeltem Geldwesen vor, solche über die Einlösbarkeit, d. h. über einen anderen funktionellen Unterschied, aber erst ziemlich spät.

So fehlten denn auch gesetzliche Anordnungen über die Einlösung von Geldarten durch den Staat im französischen Geldwesen vor 1789. Es war nicht nur das Kurantgeld, sondern auch das Scheidegeld definitiv. Es bestand also damals Bimetallismus: denn Gold- und Silbergeld waren bar und definitiv.

3. Von allergrößter Wichtigkeit für das Verständnis des staatlichen Geldwesens einer Zeit ist die Feststellung, welche Geldart vom Staate bei den Zahlungen an seine Gläubiger bevorzugt und ihnen aufgedrängt wird, oder anders ausgedrückt, welche Geldart die Zirkulation in Frankreich damals erfüllte. Wir nennen diese Geldart valutarisch, die übrigen akzessorisch.

Schon die Tatsache, daß gegen Ende des 18. Jahrhunderts nach übereinstimmender Ansicht der damaligen Finanzmänner im französischen Geldverkehr ungefähr doppelt so viel Silbergeld im Umlauf war wie Goldgeld, läßt uns vermuten, daß die Silbermünzen valutarisch waren, das heißt, daß Silberwährung herrschte. Den unmittelbaren Beweis dafür liefert uns eine Erscheinung am Anfang der achtziger Jahre.

---

[1]) Arr. de la cour des monnaies vom 10. und 31. Juli 1771, 20. Dez. 1777, 3. Dez. 1783 u. a. m.

[2]) Déclaration du Roy vom 7. Okt. 1755.

[3]) Édit du mois d'octobre 1738, arr. de la cour des monnaies vom 31. Juli 1771, 20. Dez. 1777, 28. April 1781.

Die Goldmünzen (Louis, Double- und Demi-Louis) bekamen damals ein positives Agio gegenüber dem Silbergeld und wurden trotz der seit dem 17. Jahrhundert bestehenden, nur vorübergehend von 1755 bis 1782[1]) aufgehobenen Schmelz- und Exportverbote eingeschmolzen und exportiert. Auch die Verbote, Münzen zu einem höheren Preis zu verkaufen als ihre proklamatorische Geltung, fruchteten nichts.[2]) Das Goldgeld offenbarte seine Eigenschaft als Ware, als akzessorische Geldart mit schwankendem Preise gegenüber der valutarischen. Der damalige Finanzminister Calonne wußte aber Rat; er ordnete durch die déclaration du Roy vom 30. Oktober 1785 die Umschmelzung der Goldmünzen an, um einen weiteren Export von Goldmünzen zu verhindern.[3])

Berühmt wurde diese déclaration, weil sie die Proportion $15\frac{1}{2}$: 1 für das Silber zum Golde einführte.

In der Begründung des Gesetzes, welches zunächst die Agiotage und die geplante Umschmelzung eingehend beleuchtete, bemerkte Calonne ganz richtig: durch die Umschmelzung könne keine Verkehrsstörung und keine Änderung in den Produktions- und Warenpreisen eintreten, da sich die Werte alle nach dem Silber richteten; fügte aber in bezug auf das Silber den Relativsatz hinzu: „dont le cours sera toujours le même". Calonne offenbarte sich als Praktiker, der instinktiv das Richtige empfand, theoretisch aber wohl Silbermetallist war.

Der Staat nahm bei dieser Umprägung die Louis nach dem Gewichte an und zahlte für den unversehrten Louis 25 und für eine Mark in Louis 750 Livres. Früher wurden aus dem marc d'or 720, jetzt 768 Livres ausgebracht. Es kamen jetzt 32 statt wie früher 30 Louis auf den marc d'or. Abgesehen davon sollten die neuen Louis die gleichen Eigenschaften,

---

[1]) Arr. du conseil vom 2. Sept. 1782, 30. Sept. 1783; arr. de la cour des monnaies vom 30. Sept. 1782.

[2]) Arr. du conseil vom 11. März 1730.

[3]) Für Österreich vgl. z. B. österreichisches Münzpatent vom 12. Jänner 1786, Hofentschließung vom 23. Jänner 1786.

gleiche Feinheit und Geltung haben wie die alten,[1]) die für den 1. Januar 1787 außer Kurs gesetzt wurden.

Die Umprägung vollzog sich in 11 Münzstätten[1]) und zwar in Paris, Lyon, Rouen, Metz, Bordeaux, Nantes, Lilles, Limoges, Montpellier, La Rochelle und Straßburg verhältnismäßig rasch, weil der Staat die Einlieferer von Gold an dem entstehenden Münzgewinn teilnehmen ließ. Immerhin waren bedeutende Hindernisse zu überwinden.

Schwierigkeiten wurden insbesondere dadurch verursacht, daß der Staat keine großen Goldreserven hatte und deshalb nicht unmittelbar alle Einlieferer von alten Louis in neuen Louis auszahlen konnte. Einem großen Teile der Einlieferer wurden daher erst nach einem Monat zahlbare, aber in dieser Zeit zu $^1/_8$ % verzinsliche Inhaberscheine ausgehändigt.

Auch die vorhandenen privilegierten Wechslerstellen genügten nicht; es mußten 283 neue offices de changeurs gegründet werden. Anderen Personen wurde erneut das gewerbsmäßige Wechseln bei hoher Strafe verboten[2]). Dadurch suchte man jede Agiotage zu verhindern.

Der Umsicht Calonnes war es zu verdanken, daß am 1. Januar 1787 die Umprägung vollendet war.[3]) Nur für einige Nachzügler sollte der vorzugsweise Abnahmepreis der alten Louis bestehen bleiben; auch dieser wurde abgeschafft durch arrêt du conseil vom 7. Dezember 1788 und gleichzeitig angeordnet, daß nunmehr alle Münzstätten neue Louis prägen dürften und die alten Louis den Annahmezwang verlieren sollten, vermutliich auch gegenüber dem Staate. „Ils cesseront d'avoir cours."

Die Umprägung hatte auf das Geldwesen der Grenzprovinzen Frankreichs eine Wirkung, die erkennen läßt, welchen Gefahren man sich dadurch in Frankreich ausgesetzt hatte.

---

[1]) Lettres patentes vom 11. Dezember 1785 und 18. Januar 1786.

[2]) Arrêts de la cour des monnaies vom 8. Februar 1786.

[3]) Déclaration du Roy vom 13. Dez. 1786.

Im Jahre 1786 wiesen im Elsaß die silbernen Ecus ein positives Agio auf und wurden trotz harter Strafen — in qualifizierten Fällen wurde sogar die Todesstrafe angedroht — insbesondere von Juden aufgekauft und exportiert.[1])

Das scheint zunächst unsere Behauptung, Silber sei valutarisch gewesen, in Zweifel zu stellen. Die Erklärung des Vorgangs ist aber einfach.

Die neuen Louis wurden unterwertig geprägt. Der Staat machte daher einen Münzgewinn. An diesem ließ er, wie wir wissen, die Einlieferer von Goldmünzen teilnehmen. Das hatte zur Folge, daß massenhaft Louis aus dem Auslande nach dem Inlande hereinströmten, insbesondere aus Deutschland nach dem Elsaß. Nach dieser Grenzprovinz Frankreichs strömte so viel Gold, daß nicht nur die epizentrischen, sondern auch die apozentrischen Zahlungen und zwar diese hauptsächlich in den neuen[2]) Louis gemacht wurden. Die neuen Louis wurden im Elsaß zum Wertmesser. Als akzessorisches Geld waren die neuen Louis unterwertig; da sie nun aber in dieser Provinz valutarisch waren, hatten die silbernen Ecus ein positives Agio und wurden vorteilhaft exportiert. Gegen die „unterwertigen" neuen Goldmünzen hegte dagegen das Ausland in metallistischer Befangenheit Mißtrauen. Diese Entwickelung war im Elsaß dadurch möglich geworden, daß es wirtschaftlich selbständig, handelspolitisch sogar Ausland war (étranger effectif).

Das Elsaß hatte also damals einen selbständigen Wechselkurs gegenüber Frankreich. Mit unserer Darstellung stimmt die Klage überein, welche die Behörde im Elsaß damals führte, daß das Silbergeld selten in der Staatskasse sei.

Das positive Agio des Silbergeldes im Elsaß hörte schon im Jahre 1787 auf, aber nicht wegen der erneuten Schmelz-

---

[1]) Das arrêt de la cour des monnaies vom 13. Nov. 1786 sagt, man habe diese Beobachtung gemacht „dans différentes provinces du royaume notamment en Alsace et principalement à Strasbourg".

[2]) In Straßburg geprägten.

und Exportverbote,[1]) wie man damals glauben mochte, sondern weil das Silbergeld im Elsaß wiederum valutarisch wurde. Seit Ende 1786 wurden nämlich erheblich weniger neue Louis geprägt, und dann war diese Provinz mit Frankreich verwaltungspolitisch eng verknüpft, was für die apozentrischen Zahlungen ungemein wichtig war.

Im übrigen Frankreich fand dieser kurze Währungswechsel nicht statt, denn der Zufluß von Gold war dort nicht stark genug. Wäre er aber groß genug gewesen, so hätte Frankreich eine gewaltige Einbuße an écus erlitten — das war die Gefahr, der es sich ausgesetzt hatte.

Die Umprägung, die Calonne veranlaßte, wurde von den metallistisch denkenden Zeitgenossen[2]) völlig mißverstanden und lange abfällig beurteilt. Wir erkennen sie als zweckmäßig an. Jeder, auch nur provinzielle Währungswechsel hätte aber vermieden werden können und zwar dadurch, daß man den Louis, in nunmehr richtiger Anwendung der Grundsätze von 1726, proklamatorisch die Geltung von 25 statt 24 livres beigelegt und so eine Umschmelzung umgangen hätte.[3]) Der Staat hätte dabei allerdings den Münzgewinn von etwa 7 Millionen livres nicht gemacht.[4])

Aus dieser Umprägung Calonnes ergibt sich für uns unmittelbar, daß Goldgeld akzessorisch und die Ecusstücke von 3 und 6 livres valutarisch waren. Die kleineren Silbermünzen konnte der Staat damals schon deshalb nicht valutarisch verwenden, weil sie Scheidegeld waren.

Tabellarisch erhalten wir bei funktioneller Unterscheidung der Geldarten folgendes Resultat:

---

[1]) Extrait des registres du greffe de la monnaie de Strasbourg vom 23. Mai 1786, arrêt de la cour des monnaies vom 13. Nov. 1786.

[2]) Z. B. Brodhagen in der Handlungsbibliothek von Büsch und Ebeling, Hamburg 1789.

[3]) So Österreich.

[4]) Calonne, Requête au Roy, S. 40.

Geldarten	Funktionelle Unterschiede des Annahmezwangs	der Einlösbarkeit	der Behandlung
Louis d'or von 48, 24 und 12 livres	Kurantgeld	definitiv	akzessorisch
Ecusstücke von 6 und 3 livres	Kurantgeld	definitiv	valutarisch
Silberstücke von 24, 12 und 6 sous	Scheidegeld	definitiv	akzessorisch
Billonstücke von 2 und $1\,{}^1/_2$ sous	Scheidegeld	definitiv	akzessorisch
Kupferstücke von 1, ${}^1/_2$ und ${}^1/_4$ sou	Scheidegeld	definitiv	akzessorisch
Banknoten (siehe unten)	fakultativ	einlösbar	akzessorisch

Alle Münzen wurden in staatlichen Münzstätten hergestellt. Diese waren zu Beginn des 18. Jahrhunderts sehr zahlreich. In den dreißiger Jahren gab es 30. Seit dem édit du mois de février und der déclaration vom 22. September 1772 gab es nur noch 17 und zwar Paris, Rouen, Lyon, La Rochelle, Limoges, Bordeaux, Bayonne, Toulouse, Montpellier, Perpignan, Orléans, Nantes, Aix, Metz, Straßburg, Lilles und Pau. Auf Grund von zwei édits du mois de février 1786 trat an die Stelle von Aix Marseille.

Die Münzstätten waren nicht nur Prägeanstalten, sondern auch Spezialgerichte in Münzsachen sowohl krimineller wie ziviler Natur. Aber auch in den Städten, in denen die Prägeanstalten aufgehoben waren, bestanden die Spezialgerichte fort. Vor Ausbruch der Revolution gab es daher 17 Prägeanstalten, aber 30 Spezialgerichte in Münzsachen. Berufungsgericht war die Cour des monnaies in Paris;[1]) diese war auch dadurch von Bedeutung, daß sie durch ihre arrêts oft rechtsgestaltend in das Geldwesen eingriff.

§ 2.

DIE BILLETS DE LA CAISSE D'ESCOMPTE.

Nach diesen Ausführungen über das Münzwesen betrachten wir das vor der Revolution vorkommende staatliche Papiergeld.

---

[1]) Früher auch in Lyon.

Als einziges Papiergeld finden wir die Banknoten, die billets de la caisse d'escompte.[1])

Im Jahre 1776 wurde — nach einem fruchtlosen Versuch im Jahre 1767[2]) — die sogenannte caisse d'escompte, die Vorläuferin der Banque de France, gegründet. Ihre Statuten regelte ein arrêt du conseil vom 24. März 1776. Ihre Geschäfte sollten in der Hauptsache beschränkt sein auf das Wechseldiskontieren, den Gold- und Silberhandel, das Depot- und Inkassogeschäft. Von Banknoten ist im ganzen arrêt keine Rede, insbesondere von keinem Notenprivileg. Tatsache ist jedoch, daß die caisse d'escompte von Anfang an einlösbare Banknoten ausgab. Sie lauteten auf 1000, 600, 300 und 200 livres.

Die caisse d'escompte blühte rasch auf, während die finanzielle Lage des Staates sich immer mehr verschlechterte. Der Staat konnte der Versuchung nicht widerstehen, eine geheime Anleihe bei diesem Institut aufzunehmen. Der geheime Geschäftsabschluß wurde aber verraten und aufgebauscht. Es meldeten sich plötzlich viele Banknotenbesitzer und verlangten die Einlösung ihrer Noten. Die Bank, die darauf nicht vorbereitet war, sah sich dazu außerstande, zumal der Staat ihr nicht sofort das Darlehen zurückgewährte. Um der Bank zu helfen, erließ der Staat die arrêts du conseil vom 27., 30. September und 4. Oktober 1783. Diese schrieben vor, daß die Banknoten von den Staatskassen und den Privaten bis zum 1. Januar 1784 in Zahlung genommen werden müßten, jedoch nur in Paris. Waren die Noten nicht schon vorher staatliches

[1]) Es gab allerdings Staatsnoten, die auf den îles de France et de Bourbon valutarisch gehandhabt wurden (édit von 1781 und vom 10. Juni 1788). Auf das französische Geldwesen war aber das besondere der Kolonien ohne jeden Einfluß. Nur ein Spezialfall möge an dieser Stelle erwähnt werden. Als man in Frankreich immer mehr einsah, daß die Billonmünzen unbrauchbar seien, schmolz man sie teilweise zu besonderen Münzen um und exportierte sie nach Cayenne, nach den îles du vent und sous le vent. Wer sie nach dem Inland zurückbrachte, wurde bestraft. Auf diese Weise suchte man sich des Billons zu entledigen (édit du mois de janvier 1782, octobre et novembre 1788).

[2]) Arrêt du conseil vom 1. Januar 1767.

Geld, so wurden sie es mit diesen arrêts. Die Einlösung der Noten durch die Bank sollte nicht mehr wie bisher nur in bar erfolgen können, sondern auch in guten Effekten oder Wechseln unter Abzug des Diskonts (en bonifiant l'escompte).

Gleichzeitig wurde der Export von Gold- und Silbermünzen nach dem Auslande wiederum ausdrücklich verboten, und der Transport von Paris nach den Provinzen nur unter Benützung der „messageries royales" und bei Bezahlung des tarifmäßig geregelten Preises gestattet.

Valutarisch wurden die Noten nicht, denn schon am 23. November, d. h. nicht ganz 2 Monate nachher, wurde vom folgenden Finanzminister Calonne jeder Zwangskurs der Noten, auch der gegenüber den Staatskassen, aufgehoben und das Darlehen an die Bank zurückerstattet.[1])

Bei dieser Gelegenheit wurden die Statuten der Bank revidiert, Deckungsvorschriften für die Noten erlassen und das investierte Kapital erhöht.

Wir gehen sicher nicht fehl, wenn wir annehmen, daß die einlösbaren Banknoten von 1783 ab staatliches Geld blieben, d. h. tatsächlich weiter vom Staat in Zahlung genommen wurden, denn 5 Jahre nachher erhielten sie wiederum Zwangskurs und wurden sogar valutarisch gehandhabt.

Wenn wir das Ganze überschauen, ergibt sich, daß das staatliche Geldwesen vor Ausbruch der Revolution neben Münzen zwar Banknoten, diese aber nur mit fakultativer Annahme aufwies. Wir sehen hierbei von dem Zwangskurse ab, den die Banknoten 2 Monate lang im Jahre 1783 hatten. Von 1726 ab haben wir Barverfassung im französischen Geldwesen.

Ende 1788 traten Ereignisse ein, die zur Änderung der Währung unmittelbar Anlaß gaben.

---

[1]) Cf. auch arrêt du conseil vom 10. Dezember 1783.

II. Abschnitt.

DAS FRANZÖSISCHE GELDWESEN DER GROSSEN REVOLUTION BIS ZUM ENDE DER PAPIERGELDWÄHRUNG (VON 1789 BIS 1796): DIE PAPIERGELDWÄHRUNG.

1. Kapitel.

DIE BANKNOTENWÄHRUNG BIS APRIL 1790.

In den achtziger Jahren des 18. Jahrhunderts verschlechterte sich die Finanzlage Frankreichs, insbesondere durch die Finanzpolitik von Calonne und nach diesem von Loménie de Brienne, beständig. Im August 1788 waren die Staatskassen sozusagen leer. Da ergingen auf Anregung von Brienne zwei arrêts du conseil vom 16. und 18. August 1788, welche die Papiergeldwährung herbeiführten.

Das arrêt vom 16. August gab für die apozentrischen Zahlungen im wesentlichen folgende Bestimmungen. Es sollten bezahlt werden:

1. In 5%igen Schatzscheinen (billets du Trésor royal): alle Geschenke, Gnadenbezeugungen und Gratifikationen;

2. Zu $^2/_5$ in 5%igen Schatzscheinen und zu $^3/_5$ in Hartgeld: die Ausgaben der Ministerien mit Ausnahme des Truppensoldes, die ewigen wie die lebenslänglichen Renten über 1200 livres, die Löhne und Besoldungen über 3000 livres;

3. Zu $^3/_8$ in 5%igen Schatzscheinen und zu $^5/_8$ in Hartgeld die Rentenzahlungen von 500 bis 1200 livres, die Löhne und Besoldungen von 1200 bis 3000 livres, die Zinsen der Kautionen und der sogenannten fonds d'avances;

4. Zur Hälfte in Schatzscheinen und zur Hälfte in Hartgeld einzelne Zulagen von gewissen staatlichen Stellen;

5. In Hartgeld die Rentenzahlungen unter 500 livres, die Löhne und Besoldungen unter 1200 livres, der Truppensold, „Gegenstände, die notwendig in Hartgeld bezahlt werden müssen", und nach einem Ergänzungsarrêt[1]) auch die Zinsen des Darlehens von 70 Millionen livres, das die caisse d'escompte dem Staat in Form einer Kaution gewährt hatte.

Gewisse Zahlungen sollten um 1 Jahr hinausgeschoben werden.

Durch dieses arrêt wurden die Staatsgläubiger in Klassen eingeteilt, und zwar mathematisch, nicht volkswirtschaftlich. Zwischen wirtschaftlich produktiven und unproduktiven Kräften wurde kein Unterschied gemacht; alle Staatsgläubiger sollten zum Teil getroffen werden.

Uns interessiert an dem arrêt, daß einige Zahlungen in Schatzscheinen, andere in Hartgeld, andere zum Teil in Schatzscheinen und zum Teil in Hartgeld ausbezahlt werden sollten. Die Schatzscheine waren aber nicht nur verzinsliche Forderungspapiere, sondern sollten, wie ausdrücklich bestimmt wurde, in eine noch aufzunehmende Staatsanleihe[2]) von 90 Millionen livres in Zahlung genommen werden. Es waren sogenannte provisorische Anleihescheine, die der Staat in dieser Form ausgab, weil eine gewöhnliche Staatsanleihe offenbar fehlgeschlagen wäre.

Welche Stellung sollen wir nun gegenüber diesem sonderbaren Zahlungsmodus des arrêts vom 16. August 1788 einnehmen, wenn wir ihn vom Standpunkte des Staates aus beurteilen?

Die provisorischen Anleihescheine, die der Staat valutarisch handhabte, unterscheiden sich unvorteilhaft vom Papiergelde.

Zwar wollte sie der Staat auf eine spätere Anleihe „in Zahlung nehmen". Der Umtausch der provisorischen Anleihescheine in definitive wäre aber ein rechtlich unerheblicher Akt gewesen. Der Staat hätte sich diesen Umtausch schenken können. Es kann daher von epizentrischem Annahmezwang in diesem Falle keine Rede sein; es fehlte natürlich erst recht

[1]) Arrêt vom 18. August 1788.

[2]) Édit du mois de novembre 1787.

auch der parazentrische; es sollte nur der apozentrische Annahmezwang vorkommen.

Die provisorischen Anleihescheine waren also ausschließlich Forderungs- oder Wertpapiere. Eine zirkulatorische Befriedigung wie beim Papiergeld war nicht möglich. Nahm sie jemand in Zahlung, so lag keine solutio, sondern eine datio in solutum vor.

All dieses bedarf keiner weiteren Ausführungen; es widerspricht jeglicher Logik, wenn ein Staat (apozentrisch) ein Papier aufdrängt, bei allen anderen Zahlungen aber ihm den Annahmezwang ausdrücklich aberkennt.

Aber selbst wenn wir annehmen würden, der Staat hätte statt dieser Wertpapiere Papiergeld valutarisch gehandhabt, so wäre auch dann noch der Zahlungsmodus des arrêts zu verurteilen gewesen.

Gesetzt, der Staat hätte einige Zahlungen in Papiergeld, andere in Hartgeld, andere in bestimmten Verhältnissen in beiden bezahlt. Eine solche apozentrische Verwendung der Geldarten ist aber vom Standpunkt des Staates aus betrachtet auf die Dauer unmöglich und auch verderbenbringend. Vielmehr ist die Existenz einer einzigen valutarischen Geldart ein Haupterfordernis eines geordneten staatlichen Geldwesens.

Das arrêt vom 16. August 1788 verstieß also gegen eine Reihe logischer Erfordernisse.

Es ist durchaus glaubhaft, wenn uns historisch bezeugt wird, daß schon allein der Erlaß des Gesetzes im Verkehr große Bestürzung hervorrief.

In Kraft treten sollte es am 1. September, weil erst bis dahin die erforderlichen Scheine fertiggestellt sein konnten. Diesen Termin erlebte Brienne nicht mehr als Minister, denn das arrêt führte schon 10 Tage nach dem Erlaß den Sturz seines Urhebers herbei. Die erste Maßnahme Neckers, der vom König darauf zum Finanzminister berufen wurde, war die Aufhebung dieses widersinnigen Gesetzes[1]) und die In-Aussichtstellung der valutarischen Handhabung von Hartgeld. Schon

[1]) Arrêt vom 14. Dez. 1788.

dadurch bewirkte Necker, daß die Staatspapiere an einem Tage um fast 30 % stiegen.[1])

Am 18. August, also 2 Tage nach dem Erlaß des eben erwähnten arrêts, erging noch ein anderes. Der Staat schuldete der caisse d'escompte wiederum bedeutende Beträge und war gerade jetzt, wo die Bank dringend Barmittel zur Einlösung der Noten des bestürzten Publikums bedurfte, zur Rückzahlung außerstande. Um der Bank ein Äquivalent zu gewähren und sie vor dem Gesetze zu rechtfertigen, wurde die Einlösung der Banknoten in Effekten und Wechsel unter Abzug des Diskonts für genügend erklärt; ferner wurden die Gerichte angewiesen, einer Klage auf Einlösung in Hartgeld bis zum 1. Januar 1789 nicht stattzugeben. Wichtig wurde namentlich, daß die Banknoten von allen öffentlichen und privaten Kassen in Zahlung genommen werden mußten; dies galt aber nur für Paris und zunächst nur bis zum 1. Januar 1789. Diese Frist wurde jedoch durch 2 arrêts[2]) nacheinander bis zum 31. Dezember 1789 verlängert.

Die beiden arrêts vom 16. und 18. August 1788 zeigen uns, daß es dem Staat nicht mehr gelingen wollte, die Barverfassung aufrecht zu erhalten. Das zweite arrêt wurde nicht wie das erste von Necker aufgehoben, vielmehr gab es Anlaß zum Eintritt der Banknotenwährung.

Necker sah sich bei der schlechten Finanzlage des Staates gezwungen, Anleihen bei der caisse d'escompte aufzunehmen. Meistens waren es reine Darlehen; sie waren bis auf eine Anleihe von 25 Millionen livres im Januar 1789[3]) alle geheim.

Necker drang wahrscheinlich darauf, daß die Bank ihm die Darlehen in Hartgeld auszahlte und nicht in Banknoten, schon deshalb, weil er wünschte, daß die Anleihen geheim blieben. Die Bank konnte seinem Drängen um so weniger willfahren, als die Anleihen häufiger wurden.

[1]) Vührer, Histoire de la dette publique en France, I, S. 322.

[2]) Arrêt vom 29. Dezember 1788 und vom 14. Juni 1789.

[3]) Arrêt vom 17. Januar 1789.

Eine feste Währung hatte der französische Staat nicht mehr seit Herbst 1788. Das valutarische Geld wechselte; der Staat zahlte in der Geldart, die er gerade zur Verfügung hatte.

Durch die beständigen Anleihen wurde die caisse d'escompte immer mehr erschöpft und konnte immer mehr die Darlehen nur noch in Noten auszahlen. Außerdem trat in der Staatskasse eine stets wachsende Stauung der Noten ein, weil jedermann vor dem Papiergeld seit Eintritt der Uneinlösbarkeit Scheu empfand und es zu Zahlungen an den Staat verwendete. Seit Sommer 1789 konnte der Staat seine apozentrischen Zahlungen nur noch in Banknoten leisten. Durch deren Überhandnehmen sah er sich außerstande, die Noten in subsidiärer Stellung zu halten; notales Geld kam in valutarische Stellung, Hartgeld wurde daraus verdrängt; wir haben also jetzt für das Währungsgeld Notalverfassung mit papierenen Platten. Auch in den Provinzen wurden die Banknoten — allerdings etwas später — valutarisch gehandhabt und wahrscheinlich durch die Rechtsprechung zu Kurantgeld gemacht. Im August 1789 wies das Silbergeld schon ein positives Agio von 2 % auf.

Der Übergang von der Silberwährung zur Banknotenwährung war obstruktionell und sinkend; der Staat war zu schwach gewesen, die Silberwährung aufrecht zu erhalten.

Unter der jetzt herrschenden Papiergeldwährung war eine automatische Regelung des Wechselkurses ausgeschlossen. Es hätte zu seiner Aufrechterhaltung einer zielbewußten und sachverständigen Leitung der exodromischen Maßregeln unter Staatshilfe bedurft.

Das scheint Necker am 14. November 1789 mit der Einbringung seines Entwurfes über die Errichtung einer vom Staate unterstützten, privilegierten Nationalbank beabsichtigt zu haben. Das Gesetz aber, das am 19. und 21. Dezember 1789 aus den langwierigen Beratungen der Nationalversammlung hervorging, war um ein gutes Stück minderwertiger als Neckers Vorlage. Es brachte nicht die gewünschte Organisationsänderung der caisse d'escompte. Ihr allein blieb es vorbehalten, ohne Ermunterung oder Unterstützung von seiten des Staates mit eigenen Mitteln staatliche Währungspolitik zu treiben. Das tat sie aus eigenem Antrieb durch möglichst zahlreiche Einlösung der Banknoten in bar, trotzdem die Einlösung völlig fakultativ war.

Das erwähnte Dekret vom 19. und 21. Dezember 1789 bestimmte nur, daß die Banknoten Zwangskurs behalten sollten. Ferner sollte die caisse d'escompte dem Staat ein Darlehen in ihren Noten gewähren; dazu wurde eine Kapitalserhöhung vorgesehen. Die Rückzahlung des Darlehens an die Bank vom 1. Januar 1791 ab wurde gleichzeitig angeordnet. Das gleiche Dekret verfügte sonderbarerweise, die Bank müsse vom 1. Juli 1790 ab ihre jetzt valutarischen Noten in Bargeld einlösen, und von dann ab solle sowohl ihr epizentrischer wie ihr anepizentrischer Annahmezwang aufhören, mit anderen Worten, es sollte wieder die Silberwährung beginnen.

Schon dadurch bewies die Nationalversammlung, wie wenig einsichtig sie war: Der Staat, in seiner finanziellen Not, schrieb der emittierenden Bank von einem bestimmten Termine ab die Einlösung des jetzt valutarischen Papiergeldes in jetzt akzessorischem Silbergelde vor, während man das Aufhören der Papiergeldwährung noch gar nicht absehen konnte. Diese Anordnung sollte anscheinend nur das Publikum beruhigen, kam aber natürlich nicht zur Ausführung.[1])

Praktisch unbedeutend waren während der Banknotenwährung die staatlichen Wertpapiere, welche durch das Dekret vom 19. und 21. Dezember 1789 geschaffen wurden. In diesem Dekret ist zum ersten Mal die Rede von Assignaten und zwar von 400 Millionen livres „assignats sur la caisse de l'extraordinaire“. Es waren 5 %ige Forderungsscheine von je 10000 livres, die von der caisse de l'extraordinaire eingelöst werden sollten. Diese wurde gebildet aus allen außerordentlichen Einnahmen, insbesondere von dem Ertrag der einmaligen sogenannten patriotischen Steuer, dem Erlös aus dem Verkauf

[1]) Proclamation du Roi vom 27. Juni 1790.

der königlichen Domänen und der konfiszierten Güter Geistlicher, die bis zu höchstens 400 Millionen livres veräußert werden sollten.

Die Assignaten waren verzinsliche Staatsobligationen; sie wurden vom Staat in Zahlung genommen vorzugsweise beim Verkauf der Nationalgüter. Zwangskurs hatten sie nicht. Gingen sie auf Grund der genannten Einnahmen ein, so sollten sie nach einem bestimmten Modus verbrannt werden und zwar so, daß die letzten im Jahre 1795 vernichtet werden mußten. Nach der ursprünglichen Absicht des Gesetzgebers sollten sie auf diese angeblich sehr vorteilhafte Weise in absehbarer Zeit aus der Welt geschafft werden. Zunächst wurden davon 170 Millionen an die caisse d'escompte gegen ein Darlehen ausgehändigt; eine weitere Ausgabe erfolgte nicht.

Aus unseren Ausführungen über die Banknotenwährung ergibt sich tabellarisch betrachtet folgende Einrichtung des Geldwesens:

<table>
<tr><th rowspan="2">Geldarten</th><th colspan="3">Beziehungen zum Metall</th><th colspan="3">Funktionelle Unterschiede</th></tr>
<tr><th>plastische</th><th>genetische</th><th>dromische</th><th>des Annahmezwangs</th><th>der Einlösbarkeit</th><th>der Behandlung</th></tr>
<tr><td>Banknoten</td><td>Papier</td><td>notal</td><td>keine Hylolepsie</td><td rowspan="3">Kurantgeld</td><td rowspan="6">definitiv</td><td>valutarisch</td></tr>
<tr><td>Louis von 48, 24, 12 livres</td><td>Gold</td><td rowspan="3">bar</td><td rowspan="3">Hylolepsie</td><td rowspan="5">akzessorisch</td></tr>
<tr><td>Ecus „ 6 und 3 „</td><td rowspan="2">Silber</td></tr>
<tr><td>Stücke „ 24, 12 und 6 sous</td><td rowspan="3">Scheidegeld</td></tr>
<tr><td>„ „ 2 „ 1½ „</td><td>Billon</td><td rowspan="2">notal</td><td rowspan="2">keine Hylolepsie</td></tr>
<tr><td>„ „ 1, ½ „ ¼ „</td><td>Kupfer</td></tr>
</table>

Die Banknotenwährung hatte im Sommer 1789 begonnen; schon im Laufe des Jahres 1790 mußte sie der Staatsnotenwährung weichen.

II. Kapitel.

DIE STAATSNOTENWÄHRUNG BIS HERBST 1796.

§ 1.

DIE STAATSNOTENWÄHRUNG UNTER DER VERFASSUNGGEBENDEN UND DER GESETZGEBENDEN NATIONALVERSAMMLUNG.

a) Das Papiergeld.

Durch 2 Dekrete vom 17. April 1790 erklärte sich der Staat bereit, die billets de la caisse d'escompte auf sein Konto zu übernehmen.[1]) Einlösen wollte er sie allerdings nur, soweit er der Bank etwas schuldete; das kam aber den von der Bank emittierten Beträgen annähernd gleich. Nach unserer Auffassung waren die billets de la caisse d'escompte von da ab keine Banknoten mehr, sondern Staatsnoten. Sie sollten demnächst in förmliche Staatsnoten, sogenannte Assignaten — aber in anderer Rechtsstellung als die zu 5 % verzinslichen — eingelöst werden. Der Termin hierzu wurde nachträglich[2]) auf den 10. August 1790 festgesetzt. Ganz richtig bestimmte die Nationalversammlung, daß vom 17. April ab die caisse d'escompte neue Noten nur noch mit ausdrücklicher staatlicher Genehmigung ausgeben dürfe. Hingegen ist die Ungeschicklichkeit, mit der die Dekrete die Kurantgeldeigenschaft der Assignaten anordneten, erstaunlich.

Die Banknoten hatten vor dem 17. April Zwangskurs nur für Paris gehabt, in den Provinzen wahrscheinlich nur dank der valutarischen Handhabung, d. h. nicht kraft Gesetzes, sondern kraft der Rechtsprechung.[3]) Da die Banknoten Staatsnoten geworden waren, sollte der Zwangskurs im Gesetz zum Vorschein kommen. Er wurde an folgende Voraussetzungen geknüpft:

---

[1]) Artikel 12 des Dekrets vom 17. April 1790.

[2]) Dekrete vom 24. Mai, 18. Juli, 29. Juli, 7. August 1790.

[3]) s. Seite 21.

Es sollte auf den für die Provinzen bestimmten billets das Einlösungsversprechen wiederholt werden durch den Aufdruck: „Promesse de fournir assignats“. Ferner sollten sie indossiert werden;[1]) diese Indossamentsvorschriften wurden aber als unwesentlich angesehen und im Verkehr vielfach nicht beobachtet.[2])

Hätte die Nationalversammlung die Sachlage richtig erfaßt, so hätte sie bestimmen müssen: die Banknoten sind vom 17. April ab Staatsnoten; sie werden valutarisch gehandhabt und sind Kurantgeld. Eine Einlösung in förmliche Staatsnoten findet nicht statt.

Am 17. April wurde die rechtliche Stellung der noch herzustellenden Assignaten (der zweiten Art von Assignaten) genauer präzisiert. Sie sollten zu 3 % verzinslich sein und Zwangskurs haben. Die Stückelung war von 1000, 300 und 200 livres. Die Zinsen waren in den Zinscoupons an den Assignaten ausgedrückt; sie sollten nach Tagen berechnet werden, sodaß die Assignaten zu einem täglich höheren Preis in Zahlung genommen werden mußten. Der letzte Inhaber hatte dann jährlich die 3 % Zinsen, für die insbesondere der Ertrag der Nationalgüter bestimmt war, einzustreichen.

Streitigkeiten bei Zahlungen dachte man am einfachsten dadurch aus dem Weg zu räumen, daß man den Schuldner verpflichtete, die Schuld genau zu begleichen, d. h. der Gläubiger war zum Herausgeben nicht verpflichtet.

Man fuhr fort, die Assignaten grundsätzlich zu verzinsen, weil man sie dadurch beliebt zu machen und ihren „Kurs“ zu sichern hoffte. Die früheren zu 5 % verzinslichen Assignaten erhielten keinen Zwangskurs; sie sollten vielmehr, soweit die caisse d'escompte sie noch im Besitz hatte, zurückgewährt und

---

[1]) zunächst vom Trésorier.

[2]) cf. Proklamation vom 14. August 1790; Artikel 5. u. a.: L'échange sera fait indistinctement contre ceux revenant des provinces avec l'endossement du trésorier et ceux qui n'auraient pas été revêtu de cet endossement.

verbrannt werden. Soweit dies nicht mehr der Fall war, sollten die Zinsen dem Inhaber regelmäßig bezahlt werden.

Daß die erste Art der Assignaten kein Geld war, ist ohne weiteres klar; aber auch der zweiten Art von Assignaten, den zu 3 % verzinslichen, können wir die Geldeigenschaft nicht zuerkennen; denn auch sie waren verzinslich: Durch die Verzinslichkeit wird der Umlauf derart gehemmt, daß von Geld keine Rede sein kann; dem Besitzer wird es dadurch ermöglicht, die Scheine nutzbringend ohne irgend welche Verwendung bei sich zurückzubehalten. Die freie Umlaufsmöglichkeit wird dadurch ausgeschlossen.

Ferner waren diese Assignaten indossierbar. Dafür gilt gleichfalls das eben Gesagte. Begrifflich ist eine Geldart ausgeschlossen, die auf Namen lautet. Dadurch würde auch die Verkehrssicherheit untergraben werden, da das Recht des Rechtsnachfolgers immer von dem des Rechtsvorgängers abhängig wäre. Die Assignaten dieser Zeit sind ein beredtes Zeugnis für die Unsicherheit der Nationalversammlung in wirtschaftlichen Dingen. Die Assignaten waren allerdings gedacht als ein Mittel zur Erfüllung eines nur vorübergehenden Zwecks, zur Abhilfe gegen die augenblicklich schlechte Finanzlage des Staates. Jedem Kundigen mußte es aber klar sein, daß die Schuldenlast nicht plötzlich abgetragen würde, um so mehr, als täglich neue Ausgaben hinzukamen.

Die Assignaten der ersten Periode haben einige Eigenschaften des Geldes, andere fehlen ihnen; dieser Zustand war geeignet, die praktische Tragweite des Entschlusses, ihnen die volle Geldeigenschaft zu geben, weniger gering erscheinen zu lassen.

Vom 17. April 1790 ab arbeitete man fleißig an der Herstellung der neuen Assignaten. Es trat jedoch schon vor ihrer Fertigstellung beim Staate ein großes Geldbedürfnis ein. Die caisse d'escompte mußte daher dem Staate Darlehen gewähren in ihren Noten (seit 17. April 1790 Staatsnoten) oder, wie die Dekrete von damals sagen, in billets de caisse, promesses d'assignats.

Vom 10. August 1790 ab gab man die neuen 3⁰/₀igen Assignaten aus. Die Hoffnungen, die man auf die Verzinsung gesetzt hatte, erwiesen sich als trügerisch; der „Assignatenkurs" stieg trotz dieser teuren Einrichtung nicht. Im September faßte man daher den Plan, eine dritte Art von Assignaten in größeren Mengen (anfänglich sogar für 3 Milliarden livres) herzustellen. Necker warnte vor einem solchen Plane und reichte, als man ihn nicht hörte, sein Entlassungsgesuch ein.

Die Schaffung von Assignaten, wie wir sie zu sehen gewohnt sind, wurde nach langen Beratungen der Nationalversammlung durch das Dekret vom 29. September 1790, das am 8. und 10. Oktobor noch ergänzt wurde, angeordnet. Erst diese neu auszugebenden Assignaten lauten auf den Inhaber und nicht mehr an Ordre; erst diesen kann der Charakter als Geld in vollem Umfang zugesprochen werden.

Sie tragen keine Zinsen mehr. Sie sollten, wie die Begründung unter anderem zutreffend sagt, „nicht von selbst produktiv sein, ebensowenig wie das Gold- und Silbergeld, mit dem sie gleichzeitig im Verkehr umliefen. Die an den Besitz irgend einer Geldart geknüpften Zinsen nehmen ihr die natürliche Bestimmung, indem sie sich dem Umlauf entgegensetzen, den sie zu unterhalten und zu beleben bestimmt ist."

Aber auch die zu 3⁰/₀ verzinslichen Assignaten vom 17. April 1790 sollten vom 15. Oktober 1790 ab unverzinslich sein; sie treten daher von diesem Termin ab in dieselbe geldrechtliche Stellung wie die zuletzt genannte Art. Die 3 Zinscoupons dieser Assignaten wurden, sofern die Hauptsumme auf

1000 livres lautete, zu 15 livres,
300 „ „ „ 4 „ 10 sous
200 „ „ „ 3 „

von den Staatskassen in Zahlung genommen. Assignatencoupons finden wir noch längere Zeit im französischen Zahlungsverkehr.[1])

[1]) cf. Dekret vom 6. Januar 1794.

Die mit dem Einlösungsvermerk versehenen Banknoten, die sogenannten promesses d'assignats, sollten 1015 livres, 304 livres 10 sous, 203 livres gelten, bis sie zu diesem Betrage in Assignaten umgetauscht würden.

Die jetzt ausgegebenen Assignaten unterscheiden sich in nichts mehr von gewöhnlichen Staatsnoten; sie sollten ausgegeben werden bis zur Maximalsumme von 1200 Millionen livres. Sie waren gestückelt zu 2000, 500, 100, 90, 80, 70, 60 und 50 livres.

Man hatte Staatsnoten aus Not geschaffen, weil niemand dem Staat Darlehen gewähren wollte, und die Not blieb, wie wir sehen werden, für ihre Vermehrung maßgebend.

Mit der Ausgabe von förmlichen Staatsnoten war die Vermittlung der caisse d'escompte umgangen. Es bestand kein Grund mehr, der Bank ihr früheres Recht der Notenausgabe vorzuenthalten. Nach einem Dekret vom 8. Oktober 1790 durfte die Bank beliebig viele Noten ausgeben, nur sollten sie nicht das gleiche Äußere haben wie die früheren, d. h. die vor dem 17. April 1790 emittierten. Diese Banknoten neueren Stils haben kein Interesse mehr für uns. Sie fielen nicht mehr unter das staatliche Geld, denn der Staat nahm sie an seinen Kassen nicht in Zahlung; vielmehr wurden sie ausdrücklich den „autres billets de commerce" gleichgestellt.

Sehr schwierig gestaltete sich die Frage nach einer zweckmäßigen Stückelung der neuen Staatsnoten; sie wurde tastend gelöst.

Anfang 1791 wiesen die Assignaten von 100 bis 50 livres ein positives Agio gegenüber den anders gestückelten auf. Es bestand für die so gestückelten Abschnitte ein größeres Bedürfnis. Es wurde daher eine Vermehrung dieser Assignaten und eine entsprechende Verminderung der 2000 livres Assignaten angeordnet.[1])

Viel wichtiger wurde mit der Zeit eine andere Frage. Solange alle Staatsnoten auf 50 livres und darüber lauteten,

---

[1]) Dekret vom 9. Januar und 6. Februar 1791.

war es ausgeschlossen, daß sie bei Zahlungen an die minderbemittelte Bevölkerung gegeben oder von ihr gebraucht würden. Das hatte man mit der Stückelung auch beabsichtigt. Allmählich war aber der französische Wechselkurs stark gesunken, und alle akzessorischen Geldarten — außer den Kupfermünzen — wiesen ein positives Agio auf. Sie verschwanden daher aus dem Zahlungsverkehr. Soweit sie aber — und zwar zu einem großen Teile von Minderbemittelten — zu Zahlungen geringen Betrages verwendet werden mußten, erlitt der Zahlende einen Verlust. Auch der Staat blieb davon nicht verschont, denn es war zulässig, daß mehrere Staatsschuldner zusammentraten, um auf diese Weise ihre Schulden in Papiergeld zahlen zu können. Hatte dagegen der Staat Ausgaben unter 50 livres, so mußte er sie in einer mit positivem Agio behafteten Geldart machen. Die Staatskasse erlitt auch eine Schädigung dadurch, daß die Steuereinnehmer vielfach das von ihnen eingenommene Hartgeld unerlaubterweise gegen Assignaten umtauschten und so zu eigenem Vorteil Agiotage trieben.

Es trat im Zahlungsverkehr durch das völlige Verschwinden von Zahlungsmitteln unter 50 livres geradezu eine Kalamität ein. Erst nach längerem Zögern — ja fast widerwillig — entschloß sich die Nationalversammlung am 6. Mai 1791 zur Schaffung von 5 livres-Assignaten bis zum Betrag von 100 Millionen. Eine Vermehrung der Staatsnoten war aber nicht beabsichtigt; es sollten die 5 livres-Assignaten an die Stelle der auf 1000 und 2000,[1]) später auch an die Stelle der auf 50 bis 300 livres lautenden treten.[2]) Der Umtausch gegen die höher lautenden Assignaten sollte zum Teil an besonderen Umtauschkassen der Trésorerie stattfinden, an denen Arbeitgeber mit zahlreichen Arbeitern bevorzugt werden sollten[3]). Dieser einmalige Umtausch war lediglich ein Umtausch von valutarischem Gelde in anders gestückeltes valutarisches Geld.

---

[1]) Dekret vom 9. Juli 1791.
[2]) Dekrete vom 19., 20. und 21. Dezember 1791.
[3]) Dekret vom 20. September 1791.

Davon zu unterscheiden sind die Einlösungsbestimmungen des Dekrets vom 6. Mai 1791. Es sollten besondere Einlösungsstellen begründet werden, an denen dauernd die (zum valutarischen Geld gehörenden) 5 livres-Assignaten in (akzessorisches) Kupfergeld und umgekehrt Kupfergeld in 5 livres-Assignaten eingelöst werden konnten.

Wäre diese Bestimmung stets durchgeführt worden, so wäre es unmöglich gewesen, daß auch das Kupfergeld positives Agio bekommen hätte gegenüber 5 livres-Assignaten, denn immer hätte der Notenbesitzer sich leicht Kupfergeld durch die Einlösung der Assignaten verschaffen können.

Uns interessiert auch die — praktisch nicht in Betracht kommende — umgekehrte Einlösung, d. h. die des Kupfergelds in 5 livres-Assignaten. Denn es war die erste Bestimmung im französischen Geldwesen, die die prinzipielle Einlösung von akzessorischem Gelde in valutarisches anordnete.

Die Emission der 5 livres-Assignaten sollte mit der Eröffnung der besonderen Einlösungskassen zusammenfallen. Durch alle diese neuen Emissionen wurde die Maximalsumme der im Verkehr befindlichen Assignaten nicht erhöht; es war lediglich eine Verschiebung der Stückelung innerhalb des gegebenen Rahmens.

Erst am 28. September 1791 fand eine Erhöhung von 1200 auf 1300 Millionen livres statt. Anders unter der gesetzgebenden Nationalversammlung. Kurz nacheinander wurde die Maximalsumme festgesetzt auf:

1400	Millionen	livres	am	1.	November	1791
1600	„	„	„	17.	Dezember	1791
1650	„	„	„	4.	April	1792
1700	„	„	„	30.	„	1792
1800	„	„	„	13.	Juni	1792
2000	„	„	„	31.	Juli	1792

Kritisch wurde immer wieder auch unter der gesetzgebenden Nationalversammlung die Frage nach zweckmäßiger Stückelung der Assignaten. Es wurden daher auch Staatsnoten von 25, 10 livres,[1]) von 50, 25 und 10 sous[2]) geschaffen. Die auf sous lautenden Assignaten sollten nur im Wege des Umtauschs gegen höhere Werte emittiert werden.[3]) Die Stückelungen unter 5 livres waren notwendig geworden, weil alle Münzen ein positives Agio aufwiesen und aus dem Zahlungsverkehr schwanden. Die Assignatencoupons von 3 livres, 4 livres 10 sous und 15 livres hatten eine Zeit lang die Stelle von kleinen Stückelungen eingenommen. Sie sollten aber, weil sie zu leicht nachgemacht werden konnten, eingelöst werden und bis zum 1. Mai 1792 auch den epizentrischen Annahmezwang verlieren.[4]) Den anepizentrischen hatten sie nie gehabt.

Trotz energischer Arbeit gelang es nicht, die kleineren Assignatenstückelungen rasch genug herzustellen. Es wären daher zahlreiche Schwierigkeiten im Geldumlauf entstanden, wenn der Verkehr sich nicht schon selber zu helfen gewußt hätte.

Bankhäuser, öffentlich-rechtliche Korporationen, namentlich Gemeinden, gaben auf kleine Summen lautende, in Assignaten einlösbare Papierscheine aus. Man nannte sie billets de confiance, de secours patriotique oder ähnlich. — Einige Private hatten, sogar metallische pièces oder médailles de confiance hergestellt, die naturgemäß jedes Annahmezwangs entbehrten.

Daran stieß man sich bald, denn dies widersprach ja dem staatlichen Münzregal.[5]) Dekrete vom 27. August und 3. September 1792 verboten die weitere Fabrikation solcher médailles unter Androhung einer Kerkerstrafe von 15 Jahren und der Konfiskation der Münzen. Die hergestellten Münzen mußten vom Emittenten innerhalb eines Monats von der Verkündigung des Dekrets ab in Assignaten eingelöst werden. An den weit verbreiteten billets de confiance dagegen stieß sich fast niemand,

[1]) Dekret vom 17. Dezember 1791.

[2]) Dekret vom 16. und 23. Dezember 1791.

[3]) Dekret vom 4. Januar 1792.

[4]) Dekret vom 30. Januar 1792; die letzte Bestimmung wurde nicht durchgeführt; s. Dekret vom 6. Januar 1794.

[5]) cf. Dekret vom 27. August 1792.

solange wenigstens nicht, als es im Verkehr keine Assignaten von kleinerer Stückelung gab.

Die Frage, ob diese billets de confiance unter das staatliche Geld fielen oder nicht, ist schwer zu entscheiden, da die gesetzlichen Bestimmungen unmittelbar keinen Aufschluß gewähren. Einen Anhaltspunkt gibt das Dekret vom 30. März 1792. Danach waren alle Emissionsanstalten zu revidieren. Denjenigen Privaten, die billets von 25 livres und darunter ausgaben, wurde jede weitere Emission verboten. Diese Maßregel wurde — und zwar mit Recht — damit motiviert, daß die Gesellschaften nicht die genügende Sicherheit boten; die Personalhaftung der Gesellschafter war sehr oft von zweifelhaftem Wert.

Den öffentlich-rechtlichen oder unmittelbar unter öffentlicher Aufsicht stehenden Korporationen blieb die Emission weiter gestattet, falls bestimmte Deckungsvorschriften beobachtet wurden, deren Erfüllung unnachsichtig kontrolliert werden sollte. Es wurde also ein scharfer Unterschied je nach den Emissionsanstalten gemacht, wahrscheinlich auch bei der Annahme durch den Staat. — Nur die von öffentlich-rechtlichen Korporationen ausgegebenen billets de confiance fielen vielleicht unter das staatliche Geld. Verpflichtet zur Annahme waren die emittierenden Körperschaften (epizentrisch) und wahrscheinlich die in ihrem Herrschaftsbereich befindlichen Privaten.[1]) Für ihren Herrschaftsbereich vertrat also die Gemeinde die Stellung des Staates.

Erst am Anfang der Konventsherrschaft[2]) wurde die Einlösung der billets de confiance verfügt. Um die wirtschaftlich schwächeren Klassen zu schützen, wurde angeordnet, daß subsidiär auch für die von privaten Gesellschaften ausgegebenen billets die Gemeinden des Verbreitungsbezirks haften sollten. Den Gemeinden stand dafür der Regreß gegen die Direktoren und „Interessierten" der Gesellschaft offen. Für die auf 10 sous lautenden, von öffentlich-rechtlichen Korporationen ausgegebenen

---

[1]) Hinsichtlich der letzteren Angabe cf. Berry S. 662.

[2]) Dekret vom 8. November 1792.

billets wurde der letzte Einlösungstermin auf den 1. Juli 1793 [1]) festgesetzt; die übrigen hatten schon früher ihre Einlösungsfähigkeit verloren.

Die Änderungen bei der papiroplatischen, valutarischen Geldart, welche die konstituierende und die legislative Nationalversammlung vornahmen, waren von einschneidender Bedeutung; sie waren viel wichtiger als die bei den Münzen, den akzessorischen Geldarten.

b.) Das Münzwesen.

Die akzessorischen Hartgeldarten wiesen ein immer größer werdendes positives Agio auf, wie wir bereits kurz berührten. Sie wurden entgegen erneuten Verboten exportiert [2]). Verboten war überhaupt jeder Export von Gold und Silber, außer dem von ausländischen Edelmetallmünzen. Trotz des positiven Agios fuhr der Staat fort, Münzen nach den alten Vorschriften zu prägen. Man hoffte vergeblich, das Agio würde dadurch geringer werden.

Eine Neuregelung traf das Dekret vom 11. Januar 1791. Es kam aber, soweit es die Neuprägung von Silbermünzen betraf, nicht zur Ausführung [3]), weil es die Prägung von Münzen mit positivem Agio anordnete, die im Inland verwendet werden sollten, ohne wirksame Maßregeln gegen das Einschmelzen und den Export zu treffen.

An die Stelle dieses Dekrets trat dasjenige vom 11. Juli 1791, das zum Teil den gleichen Inhalt hatte. Danach sollten Silbermünzen von 15 und 30 sous geprägt werden. Die Begültigung sollte im Gegensatz zu den Münzen des ancien régime au ihnen vermerkt sein. Sie sollten proportional das gleiche Feingewicht haben wie die Ecus. Ihre Legierung war aber davonf verschieden; sie sollten 8 Teile Silber und 4 Teile Kupfer enthalten, d. h. sie waren von der Feinheit $^{666,66}/_{1000}$. Mit

---

[1]) Dekret vom 19. Dezember 1792.

[2]) Dekret vom 21., 28. Juni, 3. Juli 1791.

[3]) Gomel, Histoire financière de l'assemblée constituante Bd. 2. S. 428.

dieser Legierung wollte man den Export und das Einschmelzen verhindern, da in diesem Falle das Trennen von Kupfer und Silber kostspielig gewesen wäre. Wie bei allen Münzen waren auch hier Remedien für Gewicht und Feinheit zugelassen.[1])

Die Beziehungen des Geldes zum Metall (genetischen Beziehungen) blieben bestehen. Gold und Silber wurde vom Staat zur Ausprägung unbeschränkt angenommen (bare Natur der Metalle), die Münzverwaltung war sogar dazu verpflichtet (Hylolepsie).

Für das Silber kamen im Einzelnen einige Änderungen vor. Ein Dekret vom 6. Oktober 1789 rief zur Einlieferung von Silbergegenständen auf und ordnete an, das die Einlieferer einen Vorzugspreis an der Münze erhalten sollten. Der Preis wurde in unverzinslichen, nach 6 Monaten einlösbaren, auf den Namen lautenden Münzscheinen (récépissés) ausbezahlt.[2]) Diese Münzscheine wurden vom 15. Dezember 1790 ab nicht mehr ausgegeben[3]) und der Tarif vom Jahre 1773 wieder eingeführt. Für Gold sollte der Tarif vom Jahre 1785 fortbestehen. — Von diesen Tarifen scheint man keinen großen Gebrauch gemacht zu haben. Jedenfalls sah sich das bereits erwähnte Dekret vom 11. Juli 1791 veranlaßt, die Abnahmebedingungen für Silber, auf dessen Prägung man das Hauptgewicht legte, zu verbessern. Jeder, der Silber zur Münze brachte, erhielt das Kupfer umsonst und bekam auch den Schlagschatz nicht angerechnet.[4])

Auch in dieser Form hatte die hyloleptische Norm keinen großen Anreiz für Besitzer von Silberbarren, denn das Silber

[1]) Dekret vom 14. August 1791.

[2]) Die Münzscheine konnten auch auf die contribution patriotique in Zahlung gegeben werden.

[3]) Dekret vom 26. November 1790.

[4]) Toute personne qui apportera à la monnaie des matières d'argent recevra, sans aucune retenue, la même quantité de grains de fin en monnaie fabriquée.

Die Bestimmung des Dekrets vom 11. Januar 1791, daß nur Silbermünzen von 15 und 30 sous geprägt werden sollten, wurde nicht beobachtet.

wollten sie bei dem bedeutenden positiven Agio, das es hatte, nicht als Münze, sondern als Ware verwenden; zur Verwendung als Ware war die Barrenform aber viel bequemer.

Tatsächlich prägte der Staat doch ziemlich eifrig Münzen. Das nötige Edelmetall verschaffte er sich vorwiegend aus Kirchen, königlichen Schlössern, Emigrantenhäusern u. s. w.[1]). Im Jahre 1791 und 1792 wurden trotz des positiven Agios der Münzen geprägt[2]):

Für	8 052 000	livres	Goldstücke
„	65 007 000	„	Ecusstücke
„	23 228 000	„	30- u. 15- Sousstücke
„	16 880 000	„	Glockenmetallmünzen
„	4 013 000	„	Kupfermünzen.

Soweit der Staat das Hartgeld zu Zahlungen an das Ausland verwendete, waren diese Prägungen nicht zu verurteilen. Anders wenn er mit ihnen, wie mit den 30- und 15-Sousstücken, zum proklamatorischen Worte im Inland zahlte. Eine Hand voll Gold und Silbermünzen verschwand bei ihrem damaligen positiven Agio sofort wirkungslos aus dem inländischen Zahlungsverkehr oder wurde exportiert.

Einen wichtigen funktionellen Unterschied, den wir unter dem ancien régime vermißten, finden wir in einem Dekret von 1792[3]); alle Gold- und Silbermünzen wurden für einlösbar bei dem caissier général du Trésor und den receveurs du district erklärt und zwar in Staatsnoten, d. h. prinzipiell war akzessorisches Edelmetallgeld (wie schon vorher das Kupfer- und Bronzegeld) in valutarisches einlösbar.

Billonmünzen wurden zur Zeit der Revolution nicht mehr geprägt.

Kupfermünzen wurden dagegen nach Vorschriften, die im allgemeinen mit denen des ancien régime übereinstimmten,

---

[1]) Dekret vom 3. März 1791, 31. August, 3., 4., 9., 10. September 1792.

[2]) s. Gomel, Histoire financière de la Législative et de la Convention Bd. 1. S. 384.

[3]) Dekret vom 26. April 1792.

weiter geprägt. Ihre Fabrikation sollte beschleunigt werden;[1]) denn wenigstens an diesen Münzen sollte kein Mangel im Verkehr sein. Eine starke Vermehrung wurde notwendig infolge der Bestimmung, daß sie als Deckung der 5 livres-Assignaten dienen sollten. Die schwierige Frage war dabei, wie man sich das nötige Metall verschaffen sollte.

Eine radikale Lösung versuchten zunächst die Dekrete vom 24. und 25. Juni 1791.

Es sollten 1- und $^1/_2$- Sousstücke völlig aus Glockenmetall hergestellt werden und zwar nach einem vereinfachten Verfahren: sie sollten gegossen anstatt geprägt werden. Im Anfang der Ausführung hielt man inne, weil man früh genug einsah, daß die Münzen zu leicht nachgemacht werden könnten und sehr spröde seien.

Dagegen wurden Dekrete vom Juli und August verwirklicht;[2]) die Münzen sollten geprägt, nicht gegossen werden. Sie sollten nicht aus reinem Glockenmetall, sondern zur Hälfte aus Glockenmetall und zur Hälfte aus Kupfer bestehen. Sie waren gestückelt von 2, 1 und $^1/_2$ sous; das Gewicht blieb proportional zu dem früheren dasselbe. Das nötige Metall wurde hauptsächlich aus den Glocken der Kirchen beschafft.

Die Zusammensetzung des Glockengeldes wurde schon im Jahre 1792 wiederholt geändert. Am 7. August wurde folgende Legierung für zulässig erklärt: $^1/_4$ Kupfer und $^3/_4$ Glockenmetall, nur „Perukupfer“ sollte zur Hälfte hineingetan werden; am 2. September: $^8/_{12}$ Glockenmetall, $^3/_{12}$ rotes und $^1/_{12}$ gelbes Kupfer.

Auch die Stückelung wurde geändert. Es sollte jetzt auch $^1/_4$-,[3]) 3- und 5- Sousstücke geben.[4]) Nach einem Dekret vom 18. September 1792 sollten statt 3- und 5-Sous-, 2- und 4-Sousstücke geprägt werden.

---

[1]) Dekret vom 11. Januar, 17. und 20. Mai 1791.

[2]) Dekret vom 18. Juli, 3. und 26. August 1791.

[3]) Dekret vom 2. September 1792.

[4]) Dekret vom 25. August 1792.

Auch das Gewicht und die Gewichtsremedien der Glockenmetallmünzen wurden oft geändert. Anfänglich hielt man aber an den Bestimmungen des ancien régime fest.[1])

Unter der gesetzgebenden Nationalversammlung sollten die Glocken in noch umfassenderer Weise als unter der konstituierenden eingezogen werden. Die Gemeinden konnten dazu angehalten werden, ihre Glocken an die Münzstätten zu bringen. Unter gewissen Abzügen erhielten die Gemeinden alle daraus geprägten Münzen, waren aber verpflichtet, sie zu Wohltätigkeitszwecken zu verwenden. Später mußten auch die Gemeinden wie Private mit dem Staate teilen.[2])

Man hatte es mit der Herstellung der Glockenmetallmünzen so eilig, dass die bestehenden Münzstätten nicht rasch genug arbeiten konnten. Um die Fabrikation zu beschleunigen, griff man zu verschiedenen Mitteln.

Zunächst sollten provisorische staatliche Münzstätten[3]) an einzelnen Orten errichtet werden, so in Besançon, Clermont-Ferrand, Arras, Dijon, Saumur. Nachdem die Glocken des betreffenden arrondissements in Münzen verwandelt waren, sollten auch die Münzstätten aufgehoben werden.

Private, die sich bereit erklärten, die Münzfabrikation für den Staat zu übernehmen, konnten vom ministre des contributions dazu ermächtigt werden.[4]) Sie standen unter scharfer staatlicher Aufsicht. Das Produkt ihrer Fabrikation gehörte dem Staate.

Wie sehr man die Herstellung dieser Münzen beschleunigen wollte und ihre Wichtigkeit überschätzte, zeigt uns das 3. Mittel, zu dem der Staat griff[5]): Jedem, der genügende Fähigkeiten nachwies, konnte die Erlaubnis erteilt werden, für eigene Rechnung bis zu unbeschränktem Betrage Glockenmetallmünzen auszuprägen. Es stand ihm frei, anderen Bronze gegen Entgelt ab-

[1]) Dekret vom 3. August 1791.

[2]) Dekret vom 28. Juni 1792 (allgemeines Prinzip).

[3]) Dekret vom 26. April, 28. Juni 1792.

[4]) Dekret vom 14. April, 25. August 1792.

[5]) Dekret vom 14. April 1792.

zunehmen, soviel er wollte. Bei der Herstellung der Münzen stand er aber unter scharfer staatlicher Aufsicht; er mußte für jede Mark Kupfer, die er prägte, eine Steuer zahlen. Ob dieser 3. Fall tatsächlich praktisch vorgekommen ist, entzieht sich unserer Kenntnis. Prägten Nichtkonzessionierte Kupfermünzen, so wurden sie schwer bestraft.

Am wichtigsten an der ganzen Erscheinung ist, daß Bronze für unbeschränkt verwandelbar in Geld erklärt wurde, d. h. dieses Geld bar war.

Private, welche Bronze einlieferten, erhielten nicht die daraus hergestellten Münzen, vielmehr Assignaten. Die Assignaten kamen in diesem Falle auf Grund der Einlieferung von frei ausprägbarem Metall (hylogenisch) zur Entstehung. Dieser Fall war verhältnismäßig selten und praktisch bedeutungslos in Anbetracht der sonst (papirogenisch) hergestellten Assignatenmassen.

Wenn wir die französische Geldverfassung vom Jahre 1790 bis 1792 betrachten, erhalten wir nebenstehendes Schema.[1]

§ 2.

DIE STAATSNOTENWÄHRUNG UNTER DEM NATIONALKONVENT UND IM 1. JAHRE DER DIREKTORIALHERRSCHAFT (BIS HERBST 1796).

a) Das Papiergeld.

Die große Revolution war eine gewaltige Gegenbewegung gegen das ancien régime, die sich ihrerseits so sehr in Extreme verlor, daß das Übertriebene zu einem ihrer charakteristischen Züge wurde. Diesen Zug des Übertriebenen finden wir auch im Geldwesen während der zweiten Phase der Papierwährungszeit, das heißt zur Zeit des Konvents und im ersten Jahre der Direktorialherrschaft (bis Herbst 1796).

Der Nationalkonvent fuhr entschlossen in den Bahnen fort, welche die beiden Nationalversammlungen zögernd eingeschlagen hatten.

Der infolge der Passivität der französischen Zahlungsbilanz sinkende Wechselkurs hatte zu einem Abfluß des Edelmetalls

[1]) s. S. 39.

Geldarten	Beziehungen zum Metall			Funktionelle Unterschiede		
	platische,	genetische,	dromische	des Annahme-zwangs,	der Ein-lösbarkeit,	der Behandlung
Louis d'or von 48,24 und 12 livres	Gold			Kurantgeld		
Ecus „ 6 „ 3 „						
Stücke „ 24,12 „ 6 sous	Silber	bar	Hylolepsie	Scheidegeld [1])	einlösbar	akzessorisch
„ „ 30 „ 15 „				Kurantgeld		
„ „ 2 „ 1½ „	Billon	notal ?			einlösbar?	
„ von 5, 4, 3, 2, 1, ½, ¼ „	Kupfer und Glockenmetall	bar	keine Hylolepsie	Scheidegeld [1])	einlösbar	
Staatsnoten	Papier	notal		Kurantgeld	definitiv	valutarisch

[1]) Falls der Satz beobachtet wurde: Cessante ratione legis, non cessat lex ipsa.

geführt; der Staat hatte zu den bekannten Schutzmaßregeln gegriffen: die mit allgemeinem Annahmezwang ausgestatteten Staatsnoten waren für uneinlösbar erklärt worden. In Staatsnoten leistete der Staat bald alle Zahlungen ohne Ausnahme. Er hatte zwar längere Zeit am Prinzip festgehalten, die Truppen ganz, später zum Teil in Hartgeld auszuzahlen.[1]) Schließlich kam er völlig davon ab.[2]) Um die Assignaten in dieselbe Vorzugsstellung in parazentrischen wie im apozentrischen Zahlungsverkehr zu bringen, wurde durch Dekret vom 8. April 1793 jede Vertragsklausel verboten, die auf Zahlung in Metallgeld Bezug hatte.

Die valutarische Handhabung der Assignaten ließ eine möglichst zweckmäßige und allen Anforderungen des Verkehrs entsprechende Stückelung nötig erscheinen. Diese wurde daher ergänzt. Es kamen nunmehr auch solche von 400, 250, 125 und 75 livres vor. Tatsächlich wurden auch noch andere emittiert, z. B. solche von 10000 livres; es läßt sich aber kein Dekret nachweisen, das die Herstellung von 10000 livres-Assignaten anordnete.[3])

Der Nationalkonvent betrachtete die Fabrikation von Assignaten als ein billiges Mittel, die leeren Staatskassen wieder zu füllen. Volkswirtschaftlich rechtfertigte man die Vermehrungen mit der Hypothezierungstheorie (s. unten S. 66ff.) und konfiszierte jeweils wieder einige Güter mehr. Wir finden daher, weil die Kassen des Konvents immer leer waren, ein stetiges Anwachsen der im Verkehr befindlichen Assignatensummen. Der Konvent erhöhte die Maximalumlaufsumme zunächst auf 2400 Millionen livres[4]) und durch das sehr eingehend begründete Dekret vom 1. Februar 1793 auf 3100 Millionen livres. Von 1793 ab setzte man dem Assignatenumlauf keine Höchstgrenze mehr. Neue Emissionen fanden aber, insbesondere wegen der wachsenden Kriegsausgaben, die man anders nicht decken konnte, weiter in verstärktem Maße statt. Es

[1]) Dekret vom 21. Dezember 1792.

[2]) Dekret vom 8. April 1793.

[3]) Erwähnt im Dekret vom 1. August 1795.

[4]) Dekret vom 24. Oktober 1792.

sind zwar zahlreiche Dekrete vorhanden über die Fabrikation von neuen Assignaten; diese geben aber keinen Aufschluß über die Emissionen, die von der Herstellung verschieden waren, und ferner nicht darüber, wieviel Staatsnoten auf Grund der Eingänge auf Nationalgüter verbrannt wurden. Seit Ende 1794 sind auch keine Fabrikationsdekrete mehr zu finden. Die Befugnis der Anordnung über Fabrikation und Emission von Assignaten wurde von dem Konvent auf das geheim tagende Finanzkomitee übertragen. In welcher Höhe die Emissionen erfolgten, wäre fast unmöglich festzustellen, wenn nicht schon die Zeitgenossen, die ja ausschließlich Quantitätstheoretiker waren, auf die Ermittlung der sich jeweils im Umlauf befindenden Assignatensumme (also unter Abzug der verbrannten) einen großen Fleiß verwandt hätten.

Ein moderner Schriftsteller Courtois,[1]) der die noch nicht ausgegebenen Assignaten als im Umlauf befindlich annimmt, gibt auf Grund älterer Angaben folgende Zahlen:

1. Juni 1791	912 000 000	livres
1. Oktober 1791	1 151 500 000	„
22. September 1792	1 972 000 000	„
1. Januar 1793	2 825 906 618	„
1. August 1793	3 775 846 053	„
1. Mai 1794	5 891 479 201	„
1. Juli 1794	6 082 051 800	„
1. Oktober 1794	6 618 207 170	„
1. Januar 1795	7 228 819 063	„
1. April 1795	8 326 945 681	„
1. Juli 1795	12 338 143 861	„
1. Oktober 1795	17 879 337 898	„
1. Januar 1796	27 565 237 396	„
1. April 1796	36 671 761 762	„
1. Juli 1796	34 508 749 586	„
7. September 1796	45 578 810 040	„

Ein Zeitgenosse der Revolution, der Finanzminister Ramel,

[1]) Histoire des banques en France, 2. Aufl. S. 329.

gibt[1]) auf Grund der amtlichen registres de la Trésorerie nationale die gleichen Zahlen an. Mit der letzten Zahl scheint sich Courtois nach den Angaben von Ramel geirrt zu haben. Nach diesem betrug die Summe aller überhaupt ausgegebenen Assignaten ohne Abzug der verbrannten 45½ Milliarden. Den Zahlen der registres ist mit Vorsicht zu begegnen. Ramel selbst bemerkt dazu, er glaube nicht, daß die Summe der tatsächlich im Verkehr umlaufenden Assignaten 30 Milliarden livres überschritten habe.

Von Wichtigkeit für uns ist nicht die hohe Umlaufsumme an sich, sondern die Tatsache, dass der Staat völlig die Herrschaft über sein Geldwesen verlor. Anfangs suchte er sich gegen die vernunftwidrige Vermehrung zu wehren. Immer mehr aber ließ er den Dingen ihren Lauf und gab sich schließlich überhaupt keine ernste Rechenschaft mehr über die Art der Verwaltung seines Geldwesens (lytrischen Verwaltung).

Das Äußere der Staatsnoten beschrieben zahlreiche Dekrete sehr ausführlich. Von Bedeutung werden aber der Text und die auf den Scheinen angebrachten Zeichen erst dann, wenn juristische Konsequenzen sich daran knüpfen. Solche fehlten nun meistens. Die Dekrete vom 7. Juni und 28. September 1793, die eine Massenfabrikation von Assignaten anordneten, um die bestehenden, ihrem Äußeren nach sehr verschiedenen Sorten durch Umtausch einheitlich zu gestalten und so die zahlreichen, trotz der strengsten Verbote vorhandenen Fälschungen zu bekämpfen, kamen nicht zur Ausführung. Die dadurch entstehenden Kosten hätten zu dem beabsichtigten Zweck außer Verhältnis gestanden. Die Herstellung hätte auch nicht genügend beschleunigt werden können.

Wichtig wurde das Äußere der Staatsnoten, als der Konvent die sogenannte Demonetisierung der königlichen Assignaten beschloß, d. h. der vor dem 10. August 1792 geschaffenen, auf denen das Bild Ludwigs des XVI. angebracht

[1]) Des finances de la République Française en l'an IX. Tafel 2 zu S. 27.

und deren Fabrikation mit Beginn der Konventsherrschaft eingestellt worden war.[1]) Diese königlichen Assignaten hatten nämlich in manchen Gegenden Frankreichs ein positives Agio gegenüber den republikanischen, eine zwar merkwürdige, vom Standpunkt der staatlichen Theorie aber keineswegs unfaßbare Erscheinung: die republikanischen waren valutarisch, die königlichen akzessorisch.

Das positive Agio war nur in denjenigen Gegenden vorhanden, in denen die royalistische Bevölkerung zahlreich war. Die politischen Leidenschaften, die unter dem Konvente noch mehr als unter den Nationalversammlungen emporloderten, machten aus diesem Agio ein Verbrechen gegen den Staat. Mit Ersetzung der königlichen Assignaten durch republikanische hoffte man die Royalisten mehr an die republikanische Sache zu fesseln, denn „bei den republikanischen Assignaten war nicht der König, sondern die Republik Schuldnerin“. Am 9. Juni 1793 wurde verfügt, daß auf Nationalgüter eingehende republikanische Assignaten nicht verbrannt werden sollten, sondern statt deren eine gleiche Menge königlicher Assignaten.

Ein Dekret vom 31. Juli 1793 ging weiter. Es bestimmte, daß die königlichen Assignaten über 100 livres ihre Kurantgeldeigenschaft verlieren, einstweilen aber noch ihren, in Einzelheiten später[2]) besonders geregelten epizentrischen Annahmezwang behalten sollten. Noch wichtiger wurde für die Stellung dieser Assignaten im Geldwesen ein anderes Gesetz. Von der Publikation des Dekrets vom 30. August 1793 ab sollten die königlichen Assignaten über 100 livres bei jeder Übertragung enregistriert[3]) und indossiert werden. Ihren epizentrischen Annahmezwang sollten sie mit dem 1. Januar 1794 verlieren.

---

[1]) Dekrete vom 11., 24. Oktober, 21. November 1792.

[2]) Dekrete vom 17. und 30. August 1793.

[3]) Da der Staat diese Assignaten von nun ab als staatliche Wertpapiere behandelt haben wollte, erschwerte er ihre Uebertragung nicht nur durch Indossaments- sondern auch durch Enregistrements-Vorschrift, woran sich die Erhebung einer Steuer knüpfte.

Von diesem Dekret ab waren diese Staatsnoten kein Geld mehr, sondern Wertpapiere trotz ihres epizentrischen Annahmezwangs; denn es fehlte ihnen jetzt die freie Übertragbarkeit des staatlichen Geldes, also eines der wesentlichen Merkmale desselben. Sie scheiden deshalb nunmehr aus unserer Betrachtung aus.

Epizentrischer Annahmezwang wurde zwar noch einmal für sie in einzelnen Fällen im Jahre 1795[1]) eingeführt (vorübergehend vom April bis August), aber die Enregistrierungs- und Indossierungspflicht wurde nicht aufgehoben.[2])

Die königlichen Assignaten von 100 livres und darunter hatten ihre eigene Entwickelung. Sie blieben auch nach dem 31. Juli 1793 Kurantgeld, sollten aber eingelöst werden. Sie brauchten weder enregistriert noch indossiert zu werden. Erst im Jahre 1795 wurde ihre Rechtsstellung verändert.

Nach Dekreten vom 16. und 27. Mai 1795 sollten sie nur noch in Zahlung genommen werden auf Nationalgüter und Lotterielose des Staates. Lauteten sie auf 5 livres, so wurden sie auch noch für Steuerzahlungen angenommen. Waren sie von 10 livres, so behielten sie den allgemeinen epizentrischen Annahmezwang. Außer den 10 livres-Assignaten wurden demnach die königlichen Staatsnoten von 100 livres und darunter nur bei gewissen Geschäftsabschlüssen mit dem Staate in Zahlung genommen. Die Annahme durch den Staat war also nicht der Höhe nach beschränkt, sondern den Geschäftsabschlüssen nach. Es fehlte ihnen der allgemeine epizentrische Annahmezwang; nur bei einigen epizentrischen Zahlungen nimmt sie der Staat an und bei diesen entweder ausschließlich oder neben anderen Geldarten; nimmt er sie in andern Fällen ausnahmsweise auch an, so handelt es sich nicht um Zahlung, sondern um Hingabe an Zahlungsstatt. Wir wollen diese Erscheinung, die auch im modernen Geldwesen vorkommt, Sondergeld nennen.

---

[1]) Dekret vom 11., 16., 27. Mai 1795.

[2]) Dekret vom 11. Mai und 13. Juli 1795.

Am 11. Juli 1795[1]) erhielten die königlichen Assignaten von 100 livres und darunter wiederum den allgemeinen epizentrischen Annahmezwang; vom 11. September[2]) des gleichen Jahres ab nahm sie der Staat nur noch beim Kauf von staatlichen Lotterielosen an.

Die genetischen Eigenschaften der Assignaten, die wir bis jetzt fast ganz außer Acht gelassen haben, ergeben sich eigentlich von selbst (papirogenische Entstehung). Nur theoretisch interessant ist eine Bestimmung des Dekrets vom 14. Februar 1794. Die Einlieferer von Gold- und Silbergegenständen erhielten danach keine Edelmetallmünzen, sondern Assignaten. Die Assignaten waren aus Papier, entstanden aber in diesem Falle durch Einlieferung von frei ausprägbaren Edelmetallen oder von Bronze (hylogenisch). Diese gesetzliche Anordnung war aber praktisch natürlich bedeutungslos. Man kann daher sagen, daß die Assignaten durchweg papirogenisch zur Entstehung kamen.

Ende 1795 und Anfang 1796 trat eine furchtbare Verwirrung im französischen Zahlungsverkehr ein. Sie war überhaupt nur dadurch möglich geworden, daß der Wechselkurs eine nie gesehene Tiefe erreicht hatte. Er sank im Jahre 1795 beständig und zwar im Vergleich zum Stand des Jahres 1789 auf einen Jahresdurchschnitt von etwa 6 %. Das Sinken des Wechselkurses wurde für den Staat besonders empfindlich beim Einnehmen der Steuern, die dem Nominalbetrage nach die gleichen gegen früher blieben; tatsächlich nahm der Staat etwa 20 bis 25 mal weniger ein. Um sich vor Schaden zu schützen, machte er einen Reformversuch,[3]) der praktisch auf das Geldwesen ohne merklichen Einfluß war und nur des theoretischen Interesses und der Vollständigkeit halber zu erwähnen ist. Er verrät eine ungewöhnliche Verranntheit in die Quantitätstheorie.

Das betreffende Dekret schrieb eine Staffel vor, nach der die Assignaten begültigt sein sollten, niedriger oder höher, je

[1]) Dekret vom 11. Juli und 1. August 1795.

[2]) Dekret vom 9. September 1795.

[3]) Dekret vom 21. Juni 1795, ergänzt durch Dekret vom 31. Juli 1795.

nach dem Steigen oder Fallen der absoluten Zahl der im Umlauf befindlichen Assignaten. Es wurde angenommen, daß die Assignaten bei einer Emission von 2 Milliarden auf „Pari“ standen; vermutlich deshalb, weil vor 1789 sich etwa 2 Milliarden livres Hartgeld im französischen Geldverkehr befunden hatten, und damals der Verkehr mit Geld „gesättigt“ war. Bei Steigerung der Assignatenzahl um je 500 Millionen livres sollten die Schulden um $^1/_4$ des Hauptbetrags erhöht, bei jeder Verminderung um 500 Millionen livres jeweils um $^1/_4$ vermindert werden.

Konkret ausgedrückt heißt das: wer bei einem Assignatenumlauf von 2 Milliarden 100 livres schuldete, mußte bei einem Umlauf von

2500	Millionen	livres	125 livres
3000	„	„	150 „
3500	„	„	175 „

usw. zahlen und umgekehrt. Eine Vermehrung oder Verminderung unter 500 Millionen livres war auf die Berechnung der geschuldeten Summe ohne Einfluß. Die Tabelle sollte alle 2 Monate ergänzt werden.

Nach Erlaß des Dekrets sollten einzelne epizentrische Zahlungen noch kurze Zeit zum „Paristande“ geleistet werden können, z. B. der noch nicht fällige Kaufpreis von schon erworbenen Nationalgütern. Im übrigen und nach dieser Zeit sollten epizentrische Zahlungen[1]) nur nach der Tabelle gemacht werden können. Für anepizentrische Zahlungen gab das Dekret folgende Bestimmungen: Von den parazentrischen sollten sich nur die Mietzinsen nach der Tabelle regeln; in allen übrigen Fällen des parazentrischen Verkehrs war der Schuldner rechtsgültig frei, wenn er mit Assignaten nach dem Nominalbetrage zahlte. Seine apozentrischen Zahlungen wollte der Staat einstweilen nach dem Nominalbetrag, später wollte er einige nach der Tabelle leisten. Als erste sollten die Staatsrentner in $1^1/_4$ Jahren an die Reihe kommen; die Staatsbeamten wurden auf später vertröstet.

[1]) Ausnahmen s. Artikel 6 und 8.

Die epizentrischen Zahlungen konnten also nur nach der Tabelle, die anepizentrischen im allgemeinen nach dem Nominalbetrag geleistet werden. Schulden, die auf Lebensmittel, nicht auf livres lauteten, fielen naturgemäß nicht unter das Dekret.

Der Zweck desselben war, vor allem den Fiskus vor Schaden zu schützen. „Der sinkende Assignatenkurs" sollte keinen Einfluß auf den Steuerertrag ausüben. Als Quantitätstheoretiker dachten sich die Revolutionäre den Assignatenkurs progressiv sinkend mit der Vermehrung der Papiergeldmasse. Es richtete sich die Entwertungsskala nach mathematischen, nicht nach volkswirtschaftlichen Grundsätzen.

Die Zeitgenossen sahen in diesen Bestimmungen einen Staatsbankrott, der wegen des Widerstands der beteiligten Parteien nicht zur Ausführung kommen konnte. Unseres Erachtens war das Dekret nicht nur zwecklos, sondern der Wechselkurs konnte im Falle der Durchführung nur sinken. Undurchführbar war es nun schon deswegen, weil wegen der andauernden Staatsnotenverbrennungen und der überstürzten Neuemissionen die genaue Umlaufsumme der Assignaten kaum festzustellen war. Im Jahre 1795 wurden in manchen Monaten allein über 500 Millionen in Assignaten ausgegeben. Vor allem aber wäre es eine unbeschreibliche Wirtschaft gewesen, wenn anepizentrische Zahlungen zum Nominalwert hätten geleistet werden können, epizentrische dagegen in denselben Staatsnoten mit weit geringerer Geltung hätten geleistet werden müssen. An diesem Illogismus mußte die Durchführung des Dekrets scheitern. Der Wert des papiroplatischen Geldes besteht in der Annahme durch den Staat zu der von ihm verliehenen Geltung. Begrifflich kann das Geld keine verschiedene Geltung haben für epizentrische und anepizentrische Zahlungen. Der Konvent merkte selbst sehr bald die Undurchführbarkeit des Dekrets und suspendierte die Anwendung desselben.

Dieser Reformversuch verminderte die Verwirrung im Geldwesen nicht im geringsten; diese nahm vielmehr noch zu. Dies geht aus einer bloßen Aufzählung der gesetzlichen Bestimmungen zur Genüge hervor. Die Assignaten wurden vom Staate in Zahlung genommen:

a) Zum Nennwerte (valeur nominale) bis Ende 1795, von da ab nur in einzelnen Fällen, z. B. auf die erste Hälfte der Grundsteuer (Dekret vom 26. Juni 1796), ferner zur Hälfte auf Zollzahlungen (Dekret vom 25. Dezember 1795).

Es wäre aber für den Staat zu ungünstig geworden, wenn er die Assignaten zum Nennwerte angenommen hätte, aber nicht mehr so hätte abgeben können. Er nahm sie daher an:

b) Zum sogenannten Kurswert (valeur au cours). Man dachte sich die Assignaten als Wertpapier, deren „Kurs" sich nach dem Metallgeld richte; damit stellte man die Tatsachen auf den Kopf. Der Kurs der Pariser Börse sollte auch für die Provinzen trotz ihrer verschiedenen Wirtschaftslage maßgebend sein. Für die Departements galt nur der Unterschied, daß in ihnen der Pariser Börsenkurs von 10 Tagen vorher zugrunde gelegt wurde.

Zum Kurswert nahm man die Assignaten insbesondere an auf die Zwangsanleihe anfangs 1796 und auf die rückständigen Grundsteuern.[1])

c) Zu einem provinziell verschiedenen Minimalgetreidepreis. Die Assignaten nahm man hierbei auf die zweite Hälfte der Grundsteuer an, falls der Steuerpflichtige das vorgeschriebene Getreide nicht produzierte oder die Produktion nur für sich und seine Familie ausreichte.[2])

d) Zu 1 % des Nennwerts vom April 1796 ab immer absteigend auf die Zwangsanleihe.[3])

Bei apozentrischen Zahlungen gab der Staat die Assignaten zum Teil auch nicht mehr zum Nennwerte aus, z. B. bei der Auszahlung der Pensionen und Staatsrenten.[4]) Er staffelte hierbei die Renten nach ihrer Höhe und gab bei solchen von geringerem Betrage die Assignaten zu einem geringeren Nenn-

[1]) Gesetz vom 11., 17. Januar, 2. Februar 1796.

[2]) Gesetz vom 4. Dezember 1795.

[3]) Gesetz vom 21. Februar, 9. März 1796.

[4]) Gesetz vom 17. Februar 1796.

betrage in Zahlung, als bei Renten, die auf hohe Summen lauteten.

Erst recht kamen bedenkliche Mißstände im parazentrischen Zahlungsverkehr vor.

Angesichts des gewaltigen Sinkens des Wechselkurses befreiten sich viele billig von ihren Schulden. Nicht alle Gläubiger wurden geschädigt, sondern nur diejenigen, die Gläubiger waren aus früher kontrahierten Schulden. Sonst ließe sich, weil der Einzelne im Verkehr nicht nur Gläubiger, sondern auch Schuldner ist (amphitropische Stellung), die schlimme Wirkung des sinkenden Wechselkurses für den inländischen parazentrischen Verkehr leugnen. Nicht jeder war aber Gläubiger und Schuldner aus früherer Zeit. Daher waren Schutzmaßregeln zu Gunsten derjenigen, die Ansprüche aus früherer Zeit hatten, nötig.

Zunächst bestimmte das Dekret vom 12. Juli 1795:

Jeder Gläubiger sollte vor Fälligkeit der Schuld die Zahlung zurückweisen können. Die Rückzahlung von Renten, die vor dem 1. Januar 1792 geschaffen wären, und von Kapitalien im Falle der Auflösung einer Ehe sollte suspendiert sein.

Das Gesetz vom 3. Dezember 1795 traf ergänzende Bestimmungen: jedem Gläubiger, der sich durch Zahlung, bezw. Rückzahlung der ihm durch eine öffentliche oder private Obligation vor dem 23. September 1795 geschuldeten Kapitalien geschädigt glaube, solle es freistehen, sie zurückzuweisen, bis ein anderes bestimmt werde. Eine Ausnahme sollten nur die zweiseitigen Handelsgeschäfte machen.

Anhängige Prozesse über die Weigerung der Annahme der genannten Zahlungen sollten suspendiert sein.

Hierher gehört ferner eine eigentümliche Erscheinung, die ebenfalls der Not der Zeit ihre Entstehung verdankt. Im Jahre 1795[1]) wurde die Grundsteuer landwirtschaftlicher Grundstücke nach folgendem Modus für zahlbar erklärt: die Hälfte war zu zahlen in Assignaten, später in mandats, die andere Hälfte in Getreide bestimmter Beschaffenheit; das Quantum wurde auf

[1]) Gesetz vom 20. Juli 1795.

besondere im Gesetze vorgeschriebene Art berechnet. Die Steuer konnte vom Eigentümer oder vom Pächter bezahlt werden.

Der Staat nahm Getreide nur auf die Hälfte der Grundsteuer in Zahlung; diese Zahlung war aber obligatorisch. Nur die Landwirte, die bloß für ihren eigenen Gebrauch oder anderes Getreide als das im Gesetz bestimmte produzierten, brauchten kein Getreide zu liefern, sondern mußten soviel in Staatsnoten zahlen, als nach dem augenblicklichen Marktpreise für die nötige Quantität Getreide gegeben werden mußte.

Später wurden die Bestimmungen in Einzelheiten modifiziert.[1])

Uns interessiert an dieser Zahlungsweise nur das Prinzip; man kann sie wohl ohne Übertreibung als einen Rückschlag in die Naturalwirtschaft bezeichnen. Der Staat nahm damals zu diesem Mittel seine Zuflucht, weil er eine Hungersnot befürchtete und von gewaltsamen Requisitionen nunmehr absehen wollte. Diese Zahlungen in Getreide können wir nicht als einen Fall der datio in solutum ansehen.

Datio in solutum liegt vor, wenn eine Schuld im konkreten Fall in einem Substrat beglichen wird, auf das ursprünglich die Schuld nicht lautete. Hier aber lautete die Schuld von vorneherein auf Getreide; die Grundsteuer war obligatorisch zum Teil in dem Zahlungsmittel Getreide zu begleichen. Nur in gewissen Fällen war das gewöhnliche Zahlungsmittel zugelassen, dann lag in diesen fakultativen Fällen eine Annahme an Zahlungsstatt vor.

Das Getreide war demnach Sonderzahlungsmittel. Der Staat nahm in gewissen geschäftlich von andern abgegrenzten Fällen Getreide in Zahlung.

Die Bestimmungen für den epizentrischen Verkehr bei der Grundsteuer war nicht ohne Folge für den parazentrischen. Der Pächter hatte die Hälfte des Pachtzinses, auch wenn er in Hartgeld vereinbart war, in Getreiden zu leisten. War er vom

[1]) Gesetz vom 4. Dezember 1795 u. a.

Eigentümer zur Zahlung der Grundsteuer nicht beauftragt, so konnte er von dieser Hälfte den Betrag der Steuer abziehen, falls er sie trotzdem bezahlte. Im Jahre 1796[1]) wurde angeordnet, dass der Eigentümer vom Pächter $^1/_4$ des Pachtzinses des Jahres IV. in Produkten verlangen könne.

Die Assignatenemissionen waren im Jahre 1795 ins Ungeheure gestiegen. Ein Gesetz vom 23. Dezember 1795 stellte daher die Vernichtung der Assignatenpresse und hiermit das Aufhören von weiteren Papiergeldemissionen in Aussicht. Tatsächlich wurde auch am 19. Februar 1796 die Assignatenpresse feierlich vernichtet. Manche mochten glauben, daß jetzt die Silberwährung von selber wiederkehren würde. Darin täuschten sie sich. Der Staat hatte noch nicht die finanzielle Kraft, um diesen Wunsch in die Wirklichkeit umzusetzen. Er sah sich daher veranlaßt, zum zweiten Mal zum Papiergeld seine Zuflucht zu nehmen.

Man beabsichtigte eine andere „Art" Staatsnoten valutarisch zu handhaben. Sie sollten nach einem Gesetz vom 18. März 1796 mandats territoriaux heißen und weniger zahlreich sein; sie sollten nur in Höhe von 2400 Millionen francs ausgegeben werden und besser gedeckt sein. Ihre Hypothezierung (S. Seite 66 ff.) auf die Nationalgüter war in der Weise gedacht, dass diese nun nicht mehr versteigert, sondern bestimmte Güter freihändig zu einem in der Hauptsache durch Multiplikation des Ertragswerts von 1790 berechneten Preise veräußert würden. Die auf den Kaufpreis von Nationalgütern eingehenden mandats sollten vernichtet werden.[2])

Die mandats hatten insbesondere den Zweck, die große Assignatenzahl zu verringern, bezw. von der Bildfläche verschwinden zu lassen.

Die Assignaten über 100 livres sollten zu 3,33% (trente capitaux pour un) ihres Nominalwertes in diese mandats binnen 3 Monaten eingelöst werden; vom 13. Juni im Seine-

[1]) Gesetz vom 27. Juni 1796.

[2]) Gesetz vom 10. Juni 1796.

departement, vom 18. Juli 1796 ab in allen übrigen Departements sollten sie ihre Geldeigenschaft verlieren und nicht mehr in mandats eingelöst werden.[1]) Die Assignaten von 50 sous und darunter sollten in Kupfergeld eingelöst werden und zwar zu $^{1}/_{10}$ ihres Nominalwerts. Diese geplanten Einlösungen hatten keinen Sinn. Sie waren ein Umtausch einer notalen Geldart in eine andere; die Assignaten taten denselben Dienst. Aber vor den Assignaten hatte das Volk einen Abscheu, und die Kupfermünzen repräsentierten in seiner Vorstellung immer noch „einen inneren Wert". Die Assignaten von 100 livres bis 50 sous galten vorläufig weiter. Eine gesetzliche Regelung ihrer Einlösung wurde in Aussicht gestellt; sie ist aber zur Zeit der Papiergeldwährung nicht erfolgt.

Man dachte, dieser Umtausch würde sich sehr rasch vollziehen, da er für die Assignateninhaber sehr günstig sei, wenn man voraussetzte, daß die Edelmetallmünzen gegenüber den mandats territoriaux kein Agio aufwiesen. Man hoffte, die mandats territoriaux würden mit dem Hartgeld „auf Pari' stehen wegen ihrer geringen Zahl und ihrer vorzüglichen Hypothezierung. Den Assignaten wurde der „dreifache Wert" von dem, den sie jetzt hatten, bei der Einlösung beigelegt; auf diese Weise sollte sie um so schneller von statten gehen.

Mit der Durchführung dieses Planes hatte man es so eilig, daß zunächst sogenannte promesses de mandats in den Verkehr gesetzt wurden, die später in „förmliche" mandats umgetauscht werden sollten. Den promesses wurden einstweilen die gleichen Eigenschaften wie den mandats, insbesondere der Zwangskurs und formlose Übertragbarkeit gegeben. Förmliche promesses de mandats hatte der Staat auch nicht sofort bereit. In seinen Kassen hatte er aber zahlreiche Schatzscheine, sogenannte rescriptions; diese sollten die Funktionen der promesses, d. h. die gleichen Eigenschaften wie diese haben. Der Staat hatte also in diesem Falle begriffen, daß es auf die Aufschrift der Scheine nicht ankomme. Um so

[1]) Gesetz vom 23. Mai, 27. Juni 1796.

erstaunlicher sind daher die wiederholten Einlösungen von Staatsnoten in förmliche Staatsnoten. Sie sind höchstens aus politischen, vielleicht auch aus technischen Gründen zu rechtfertigen; theoretisch betrachtet waren sie zwecklos.

Bei der Einführung der mandats wurde die Frage des rekurrenten Anschlusses wichtig; sie wurde so geregelt,[1]) daß man mittelst einer stets absteigenden — nicht etwa wie der Wechselkurs schwankenden — Tabelle für die Jahre 1792 bis 1796 den Betrag bestimmte, der für die in diesem Zeitraum kontrahierten Schulden jetzt zu zahlen war. So mußten Schulden, die im Jahre 1792 kontrahiert waren, zu 95% des Nominalbetrags bezahlt werden, solche, die nach dem Januar 1796 kontrahiert waren, zu 2%.

Der Staat nahm die mandats zum vollen Nennbetrag in Zahlung, hob die Zahlungssuspensionen auf,[1]) führte alle Strafbestimmungen[2]) zur Hebung ihres „Kurses" wie bei den Assignaten ein und suchte eine Verwendung des Metallgeldes als Ware auszuschließen.

Als man begann, die promesses de mandats auszugeben, hatten sie tatsächlich ein positives Agio gegenüber den Assignaten, allerdings nicht das der Metallmünzen. Der Plan schien, wenn auch nicht ganz, so doch teilweise in Erfüllung zu gehen. Das positive Agio der promesses erklärt sich hauptsächlich daraus, daß der Staat die zunächst akzessorische Geldart nach dem Nominalbetrag in Zahlung nahm und nicht wie die Assignaten zu unbestimmten Bruchteilen. Als aber die mandats etwa Anfang August 1796 in valutarischer Stellung waren, wies der Wechselkurs nicht die geringste Besserung auf.

Im allgemeinen nahm der Staat die mandats zum Nominalwert in Zahlung; in einzelnen Fällen wich er ab. So nahm er z. B. auf die Hälfte der Gebäudesteuer Assignaten oder

---

[1]) Gesetz vom 4. April 1796.

[2]) Gesetz vom 27. März 1796.

mandats zum Dreißigfachen ihres Nominalwerts an.[1]) Eigentümlich war der Zahlungsmodus bei der Grundsteuer[1]); jeder Steuerpflichtige mußte für jeden franc der Veranlagung den Preis von 10 Pfund Getreide zahlen.

Die beabsichtigte Einlösung, überhaupt die ganze Reform mißlang. Sie scheiterte an der Unkenntnis, welche die leitenden Männer in Bezug auf das Geldwesen zeigten, und an der Scheu des Publikums vor notalem Gelde in Form von Staatsnoten. Aber selbst wenn die Einlösung geglückt wäre, so wäre es doch sehr zweifelhaft gewesen, ob die richtigen exodromischen Maßnahmen ergriffen worden wären, oder ob man nicht weiter an dem Begriff der Hypothezierung auf Nationalgüter gehaftet und damit leichtsinnig operiert hätte.

Schon im Juli 1796 stellte sich das Scheitern der Reform heraus. Von der Publikation des Gesetzes vom 23. Juli 1796 ab stand es jedem frei, Verträge in jeder Geldart einzugehen, wie es ihm gut schien. Insbesondere durften jetzt Verträge mit der Hartgeldklausel geschlossen werden. Außerdem brauchte man die mandats territoriaux von jetzt ab nur dann in Zahlung zu nehmen, wenn sie zum Tageskurse des Zahlungsorts angeboten wurden.

Bald darauf wurden Bestimmungen auch für epizentrische Zahlungen erlassen. Der Staat nahm die mandats ebenfalls zum „Kurswerte" an, zunächst auf das letzte Viertel der durch Submission veräußerten Nationalgüter,[2]) vom 18. August ab auch auf alle Steuerzahlungen.[3]) Zum jeweiligen Kurse nahm jetzt der Staat die mandats in ganz Frankreich an. Er wurde von der Trésorerie nationale bestimmt; damit er in den Provinzen möglichst rasch bekannt würde, mußten besondere Einrichtungen getroffen werden.[4]) Von Mitte August 1796 an erging regelmäßig alle 5 Tage ein arrêté du Directoire

---

[1]) Gesetz vom 26. Juni 1796.
[2]) Gesetz vom 31. Juli 1796.
[3]) Gesetz vom 9. August 1796.
[4]) arrêté du directoire exécutif vom 12. August 1796.

exécutif, das den Kurs der mandats feststellte. So wurden beispielsweise 100 francs in mandats als nur 2 francs vom Staat in Zahlung genommen.

Die Mandatswährung entsprach den gehegten Hoffnungen also nicht; sowohl die Einlösung der Assignaten in mandats, wie der kleinsten Stückelungen in Kupfergeld ging fehl. Daher entschloß sich der Staat, als der französische Wechselkurs keine Besserung aufwies, zu der Annahme nur nach dem „Kurswert" und zur Aufhebung der Bestimmungen über den rekurrenten Anschluß gegenüber den Assignaten.[1])

Der Staat betrachtete von nun ab das Silbergeld als Wertmesser und die Staatsnoten als akzessorische Geldart mit negativem Agio. Er nahm die mandats nur nach dem alle 5 Tage publizierten Kurse an, zu dem sie auch von Privaten in Zahlung genommen werden mußten.

Die mandats territoriaux waren in letzter Linie geschaffen worden, um die Wiederaufnahme der Barzahlung, d. h. die Wiedereinsetzung des Metallgelds in valutarische Stellung zu ermöglichen. Diese Bestrebungen reichen in das Jahr 1795 zurück. Es wurde möglichste Beschleunigung der Herstellung von Hartgeld, namentlich von Silbermünzen, angeordnet. Jedem Privaten, der Edelmetall zur Münze brachte, sollte ohne Abzug eines Schlagschatzes der Wert des eingelieferten Metalls in Münzen dieses Metalls ausbezahlt werden. Herbst 1795 finden wir bei den parazentrischen Zahlungen sehr oft wieder Hartgeld. Auf den französischen Märkten wurde fast ausschließlich damit bezahlt.[2]) Es begann die „époque de la reprise des transactions en numéraire dans les marchés".

Der Staat machte in dieser Zeit Versuche, Silber valutarisch zu handhaben, indem er den Ministern Summen in Hartgeld dafür zur Verfügung stellte.[3]) Andererseits schrieb er — vorderhand allerdings vergeblich — durch arrêté vom

[1]) Gesetz vom 17. Juli 1796.

[2]) Moniteur universel vom 9. September 1796.

[3]) Gesetz vom 22. November 1795, 14. Februar 1796.

4. Januar 1796 vor, daß die Zahlungen an den Staat in Gold oder Silber zu geschehen hätten.

Die Bestrebungen auf Wiedereinführung der so herbeigesehnten Barverfassung begannen aber erst im Jahre darauf, 1796, von Erfolg zu sein. Das Silbergeld valutarisch zu handhaben, fing man zögernd Herbst 1796 an; die Assignaten und mandats territoriaux verschwanden tatsächlich aus dem Zahlungsverkehr.

Es war ein restauratorischer Übergang zu einer anderen Währung, der genau betrachtet sich über mehrere Jahre erstreckte. Eine akzessorische Geldart mit positivem Agio wurde wiederum valutarisch, die bisherige valutarische Geldart wurde akzessorisch. Damit hatte auch die Assignaten- und Mandatswährung ihr Ende erreicht.

b) Das Münzwesen.

Im Münzwesen kamen während der zweiten Phase der Papiergeldwährung in praxi wenig bedeutende Änderungen vor.

Zwar gab die Gesetzgebung ziemlich wichtige Anordnungen, die theoretisch interessant sind; doch konnten sie zur Zeit der Papiergeldwährung meistens nur zum Teil durchgeführt werden.

Der Metallgeldumlauf wurde stark eingeschränkt durch die Bestimmung,[1]) daß Hartgeld nur nach seiner proklamatorischen Geltung im parazentrischen Verkehr angenommen werden dürfe. Wer Hartgeld als Ware ankaufte oder verkaufte, wurde mit 6 Jahren Kerker bestraft. Durch diese Strafandrohung, in Verbindung mit dem uns schon bekannten Verbote jeder Vertragsklausel, die auf Hartgeld lautete, suchte man jede Agiotage auszuschließen. Man sollte meinen, daß unter diesen Verhältnissen und bei dem bedeutenden positiven Agio der Edelmetalle Neuprägungen von Edelmetallmünzen nicht vorgekommen seien. Dem war aber nicht so.

---

[1]) Dekret vom 11. und 12. April 1793.

Es machten zwar nur wenige, oder fast gar keine Privaten von der gesetzlich noch immer weiter bestehenden Hylolepsie[1]) der Edelmetalle Gebrauch, aber der Staat verschaffte sich Edelmetall durch Konfiskation. Nach einem Dekret vom 13. November 1793 sollte alles Gold und Silber, überhaupt alle Wertsachen, die man in der Erde, in Kellern, oder sonst in Verstecken fand, vom Staate eingezogen werden. Diese Quelle erwies sich als sehr ergibig. Es gelang, auf diese Weise Edelmetallmünzen für beträchtliche Summen auszuprägen. Die Ausprägungen waren aber nicht stark genug, um auf die Geldverhältnisse eine nennenswerte Wirkung auszuüben. Bei ihrem immer zunehmenden positiven Agio mußten diese Geldarten notwendigerweise aus dem inländischen Zahlungsverkehr schwinden, wenn sie überhaupt in denselben gelangten. Vermutlich verwendete sie der Staat zu Zahlungen an das Ausland. Es ist sehr unwahrscheinlich, daß er sie zum proklamatorischen Wert im Inland abgab.

Um möglichst viel Hartgeld in die Hand zu bekommen, schreckten die Revolutionsmänner nicht davor zurück, die wertvollsten Kunstschätze einschmelzen zu lassen. Erst nach einigen Monaten, nachdem schlimme Verwüstungen in dieser Hinsicht in Kirchen, Palästen usw. angerichtet waren, bestimmte ein Dekret vom 1. März 1794, daß Gold und Silbergegenstände, die einen um die Hälfte des Stoffwerts höheren Wert hätten, nicht eingeschmolzen werden sollten.

Unter diesen praktisch so prekären Münzverhältnissen erließ der Konvent im Jahre 1793 und 1795 Dekrete, die theoretisch für das Münzwesen von der größten Wichtigkeit waren, weil sie die Grundlage bildeten, auf welcher später unter dem Direktorium und Konsulate die Reformgesetzgebung aufgebaut wurde.

Das Dekret vom 7. Oktober 1793 gab in der Hauptsache folgende neue Bestimmungen:

Es sollten Gold- und Silbermünzen hergestellt werden.

---

[1]) Dekrete vom 7. Oktober 1793, 14. Februar 1794, 15. August 1795.

Die Goldmünze sollte franc-d'or, die Silbermünze républicain heißen. Es sollte Silbermünzen von 1 und 5 républicains geben. Gewicht und Feingehalt der Münzen sollte von jetzt ab nach dem Dezimalsystem bestimmt werden. Die Gold- und Silbermünzen sollten die Feinheit 900/1000 haben; Remedien für Gewicht und Feinheit nach oben und unten waren zugelassen.

Gold- und Silbergeld sollte bar sein, der Schlagschatz wurde reduziert; bei der Einlieferung alter französischer Münzen fiel er weg.

Viel Unkenntnis verriet Artikel 3 des Titels 1; er lautete: „L'unité principale, soit d'argent, soit d'or, sera la centième partie du grave".

Grave war eine Gewichtseinheit, entsprechend dem Gewicht eines Kubikdezimeters Wasser, die ungefähr unserem Kilogramm gleichkam. Die Geldeinheit der neuen Münzen sollte also der hundertste Teil einer Gewichtseinheit sein.

Das Dekret drückte sich aus, als ob noch Autometallismus herrschte; außerdem sollte es nach ihm nicht nur eine, sondern zwei Geldeinheiten geben, eine für das Gold, die andere für das Silber. Es wäre auf dasselbe hinausgekommen, wenn das Dekret gesagt hätte: „Dix grammes d'argent et dix grammes d'or constituent les unités monétaires".

Es bedarf keiner Hervorhebung, daß die Urheber des Dekrets sich nur ungeschickt ausdrückten, aber keineswegs die pensatorische Zahlung einführen wollten. Münzen nach Maßgabe des Dekrets wurden überhaupt nicht in den Verkehr gesetzt.[1])

Am 15. August 1795 ergingen zwei weitere Dekrete über die Münzen, die in ihrer Gesamtheit wichtiger wurden als das Dekret von 1793.

Die Bestimmungen des ersten der beiden Dekrete über die Goldmünzen waren zum Teil identisch mit den früheren. Die Goldmünzen sollten 900|1000 fein sein, 10 Gramm wiegen; für Feinheit und Gewicht waren Remedien zugelassen.

---

[1]) Berry, Etudes et recherches historiques sur le monnaies de France, S. 640.

Einen Namen erhielten aber diese Münzen nicht; auf der Vorderseite sollte das Gewicht (gleich 10 Gramm) angegeben sein. Begültigt wurden sie auch nicht. Der Staat bestimmte nicht, zu welchem Betrage in francs Private sie in Zahlung nehmen sollten, noch zu welchem er selbst sie annehmen würde. Der Staat garantierte auch nicht, daß die Münze 10 Gramm Gold wog, zumal er Gewichtsremedien nach oben und unten zuließ und die Münzen im Verkehr notwendigerweise abgenützt wurden. Jeder Private, der diese Münzen in Zahlung gab oder nahm, hätte demnach die Wage benützen müssen zur Feststellung des Wertes der Münze als Ware, d. h. es wäre Wiedereinführung der pensatorischen Zahlungsart gewesen.

Dieses erste Dekret über die Goldmünzen kam aber nicht zur Ausführung.[1]) Vielleicht sah man nachträglich ein, welche Fehler man begangen hatte.

Das zweite Dekret vom 15. August 1795 gab Bestimmungen über die Silber- und Bronzemünzen. Es beginnt unter Titel 1 mit „Dispositions générales sur les monnaies“, die durchaus korrekt abgefaßt sind. Sie lauteten:

art. 1: l'unité monétaire portera désormais le nom de franc.

2. le franc sera divisé en dix décimes; le décime sera divisé en dix centimes.

3. le titre et le poids des monnaies seront indiqués par les divisions décimales.

Das Dekret sagte also nicht etwa: 5 Gramm Silber sind 1 franc, sondern die Geldeinheit heißt franc, sie zerfällt in diese und jene Unterabteilungen, ganz so wie die staatliche Theorie es verlangt. Der franc sollte in der Geltung dem livre gleich sein; es war also lediglich eine Änderung des Namens.

Im Einzelnen lauteten die Bestimmungen: es gibt Silberstücke von 1, 2 und 5 francs; sie wiegen 5, 10 und 25 Gramm. Sie sind von der Feinheit 900/1000. Bedeutende Remedien nach oben und unten sind für Gewicht und Feinheit zugelassen.

---

[1]) Berry, l. c. S. 652.

Geprägt wurden nach diesen Vorschriften nur 5-Francs-, nicht 1- und 2-Franks-Stücke.[1]) Soweit es die Silbermünzen betraf, kam das Dekret also nur teilweise zur Ausführung. Das 5-Francsstück wurde gegenüber den minderwichtigen Ecusstücken höher bewertet; es war gewissermaßen ein Agio innerhalb derselben Geldsorte. Auf Grund des Metallgehalts der beiden Silbergeldsorten kam man zur Gleichung: 1 5-Francstück gleich 5 livres 1 sou 3 deniers,[2]) zu welchem Betrag die Geltung gesetzlich normiert wurde.

Ferner enthielt das Dekret Bestimmungen über die Bronzemünzen. Um darauf einzugehen, müssen wir etwas weiter ausholen.

Der Konvent hatte im Jahre 1793[3]) eine zweckmäßige Änderung in der Stückelung der Bronzemünzen vorgenommen. Ihre Begültigung sollte dem Dezimalsystem angepaßt werden. Sie sollten nicht mehr auf sous, sondern auf centimes und decimes lauten, sodaß auf 1 livre 100 centimes und 10 decimes kamen. Aus Bronze sollten Stücke zu 1 centime, 5 centimes (oder 1 decime) und 5 décimes ausgegeben werden.

Das Dekret vom 15. August 1795 ergänzte lediglich diese Bestimmungen; nach ihm sollten auch vorkommen 2 centimes-[4]) und 2 décimes-Stücke. Erst um diese Zeit (1795) wurde die Neuprägung von Kupfermünzen energischer betrieben.[5])

Im allgemeinen entsprach jedem centime 1 Gramm Bronze. Gewichtsremedien waren zugelassen.

Billonmünzen und reine Kupfermünzen wurden unter dem Konvente nicht mehr ausgeprägt. Ihre Scheidegeldeigenschaft, die im Verlauf der Papiergeldwährungszeit verwischt worden war, wurde klargestellt durch Gesetz vom 4. Januar 1796. Sie sollten bei Steuerzahlungen an den Staat nur bis zu $^1/_{40}$ der Hauptsumme angenommen werden. Diese Bestimmung war unlogisch, weil keine besondere Währungskasse bestand, welche diese Münzarten zu unbeschränktem Betrag annahm.

---

[1]) Berry S. 642.
[2]) Gesetz vom 14. April 1796.
[3]) Dekret vom 24. August und 12. September 1793.
[4]) Nicht durchgeführt, s. Berry S. 643.
[5]) Berry S. 636/637.

Sie hatte aber die mittelbare Folge, daß die Rechtsprechung daraus ableitete, diese Münzarten müßten auch unter Privaten nur zu 1/40 der Hauptsumme angenommen werden.

Bei epizentrischen Zahlungen und in staatlichen Buchführungen sollte vom 21. März 1794 ab nach (livres), décimes und centimes gerechnet werden. Eine Umrechnungstabelle für die Umwandlung von sous und deniers in décimes und centimes sollte diese Aufgabe den Behörden erleichtern.[1]) Es war dies lediglich eine praktischere Rechnungsart als die frühere.

Das französische Geldwesen während der zweiten Phase der Papiergeldwährung war schematisch ausgedrückt folgendermaßen[2]):

---

[1]) Dekret vom 7. Dezember 1793.

[2]) Bezüglich des von uns aufgestellten Schemas bestehen einige Unsicherheiten über den Annahmezwang in der 5. Rubrik. Diese sind aber nicht rechtlicher, sondern tatsächlicher Natur. Ob die Gesetze auch immer in dieser wirren Zeit durchgeführt wurden, läßt sich nicht in jedem Falle einwandfrei feststellen.

Geldarten	Beziehungen zum Metall: platische	Beziehungen zum Metall: genetische	Beziehungen zum Metall: dromische	Funktionelle Unterschiede: des Annahmezwangs	Funktionelle Unterschiede: der Einlösbarkeit	Funktionelle Unterschiede: der Behandlung
Louis d'or von 48, 24 und 12 livres	Gold			Kurantgeld		
Ecus „ 6 „ 3 „						
Stücke „ 5, 2 „ 1 francs	Silber	bar	Hylolepsie			
„ „ 24, 12 „ 6 sous				Scheidegeld [1]	einlösbar	akzessorisch
„ „ 30 „ 15 „				Kurantgeld		
„ „ 2 „ 1½ „	Billon			Scheidegeld		
„ von 5, 4, 3, 2, 1, ½, ¼ „	Kupfer u. Bronze					
„ „ 10, 5, (2), 1 centimes		notal	keine Hylolepsie			
„ „ 5 und 2 décimes	Bronze			Kurantgeld [2]		
Staatsnoten	Papier			Kurantgeld	definitiv	valutarisch

[1]) Cessante ratione legis, non cessat lex ipsa.

[2]) Es fehlen Bestimmungen darüber, daß sie nur bis zu einem beschränkten Betrage angenommen werden müssen.

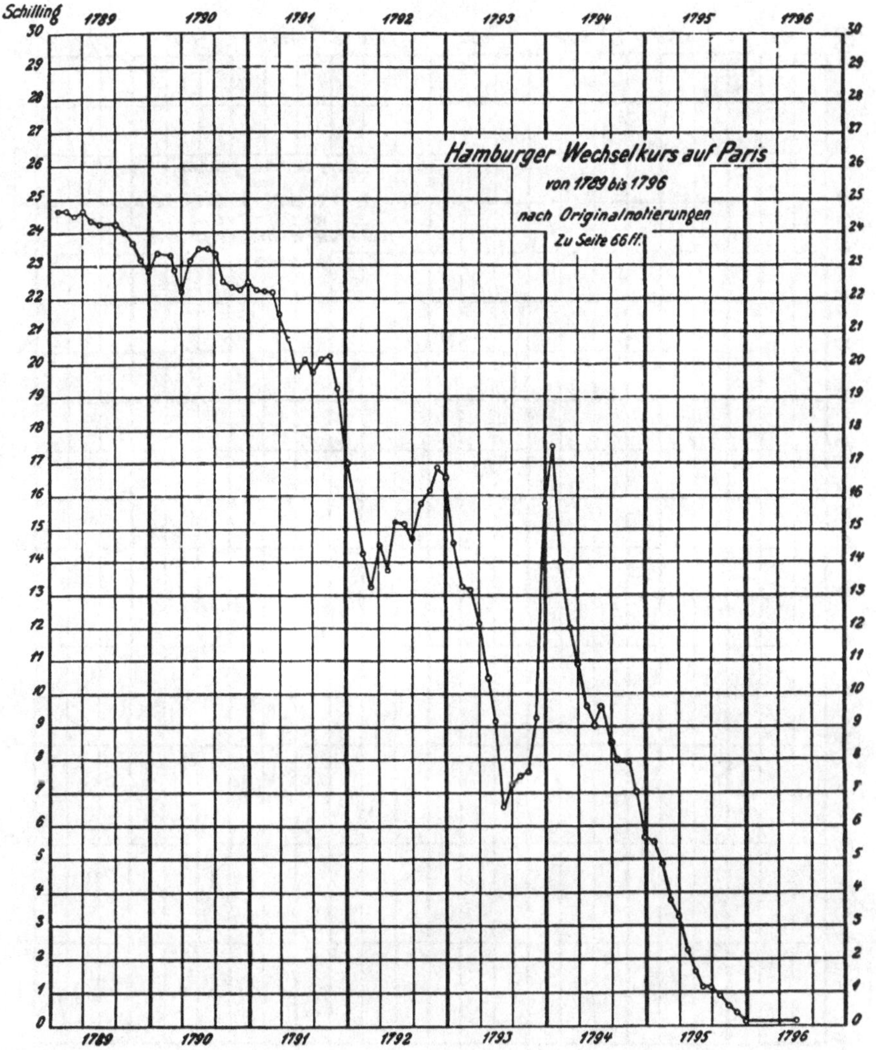
Hamburger Wechselkurs auf Paris
von 1789 bis 1796
nach Originalnotierungen
Zu Seite 66 ff.
Schilling
1789
1790
1791
1792
1793
1794
1795
1796

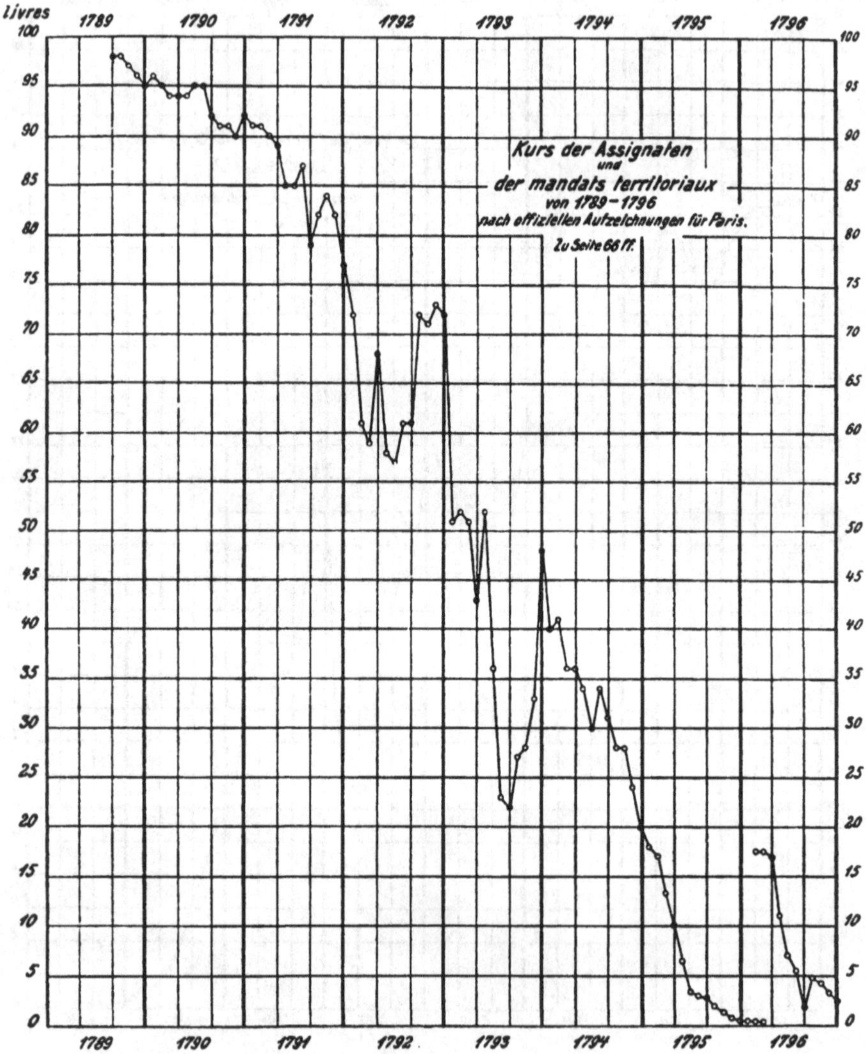
livres
1789
1790
1791
1792
1793
1794
1795
1796
100
95
90
85
80
75
70
65
60
55
50
45
40
35
30
25
20
15
10
5
0
Kurs der Assignaten
und
der mandats territoriaux
von 1789–1796
nach offiziellen Aufzeichnungen für Paris.
Zu Seite 66 ff.

III. Kapitel.

DER GELDVERKEHR FRANKREICHS MIT DEM AUSLAND VON 1789 BIS 1796: DER INTERVALUTARISCHE KURS.

Im folgenden soll der Geldverkehr Frankreichs mit dem Auslande dargelegt werden, wie die Assignaten in volkswirtschaftlicher Beziehung damals gerechtfertigt wurden, und wie sie tatsächlich zu verstehen sind.

Die internationalen Beziehungen Frankreichs in Bezug auf die valutarische Geldart (intervalutarischen Beziehungen) verschlechterten sich schon von der ersten Hälfte des Jahres 1789 ab.

Frankreich befand sich am Anfang einer Revolution. Für die körperlich arbeitenden Klassen war ein ständiger Feiertag angebrochen; fast niemand arbeitete mehr, namentlich nicht in Paris. Handel, Industrie und der damals so wichtige Ackerbau lagen völlig darnieder. Während Frankreich früher vorwiegend exportierte und verhältnismäßig wenig importierte, trat jetzt das Gegenteil ein. Es mußten in das agrarische Frankreich die notwendigsten Lebensmittel, insbesondere Getreide, importiert werden. Die Verhältnisse wurden in den folgenden Jahren nur noch schlimmer. Die Finanzlage des Staates gestaltete sich durch die Popularitätshascherei des revolutionären Konvents, namentlich durch seine ins maßlose gehende Freigebigkeit, immer bedenklicher. Die Volkswirtschaft war fast vernichtet. Im Innern fingen anarchische Elemente an, die Oberhand zu gewinnen. Hungersnot herrschte in einer Reihe von Departements und verursachte einen gewaltigen Getreideimport, zum Teil auf Kosten des Staates.

Frankreich war dazu anfangs 1793 gerade im Begriff, mit fast allen Kulturstaaten Krieg zu führen: mit England, dem deutschen Reiche, Preußen, Oesterreich, Holland, Sardinien, Neapel und Spanien. Auch ein Bürgerkrieg sollte noch gewaltige Kosten und Verluste verursachen (Vendée, Normandie, Bordeaux, Marseille, Toulon, Lyon).

Vom Fiskus konnte die Volkswirtschaft keine Rettung erwarten, denn dieser war aus früherer Zeit her stark überschuldet. Steuern gingen fast keine mehr ein. Dazu waren viele Steuern aus der Zeit des ancien régime verhaßt und sollten abgeschafft werden — an sich schon ein großes Wagnis in so bedrängter Zeit. Die phantasievollen Pläne der Revolutionäre kosteten aber ungeheuer viel Geld. Es waren also zahlreiche Gründe vorhanden, die geeignet waren, dem französischen Wechselkurs (intervalutarischen Kurs) eine sinkende Tendenz zu geben.

3 livres kosteten an der Hamburger Börse vor 1789 bei Wechseln von 2 Monaten Ziel 25 bis 24½ Schilling Hamburger Banko (sogen. Bankovaluta). Im Vergleich dazu fiel der französische Wechselkurs in Hamburg nach den dortigen Börsennotierungen von Anfang 1789 bis Herbst 1791 um etwa 20 und bis Herbst 1792 um etwa 30 von 100 livres. Das Sinken des Wechselkurses wurde naturgemäß mit der Papierwährung in Zusammenhang gebracht.

Diese gefürchtete Erscheinung suchte man damals von vornherein zu verhindern durch Sicherung des sogenannten „Assignatenkurses“.

Die Papierwährung bedarf, wenn der Wechselkurs nicht sinken soll, eines finanziell starken Staates, der bereit ist, Opfer zu bringen und sie zu bringen versteht. Werden die Staatsgeschäfte aber von einer unerfahrenen Versammlung geleitet, während des allgemeinen Niedergangs der Volkswirtschaft, bei großer Überschuldung des Staates, so ist ein Sinken des Wechselkurses sicher. Vor allem wußten zur Zeit der Revolution die Nationalversammlungen nicht, daß der sogenannte Assignatenkurs nichts anders war als der Wechselkurs. Sie operierten mit dem Begriff Kredit und zwar, wie wir bald sehen werden, mit Realkredit.

Unter den Maßnahmen zur Sicherung des Staatsnotenkurses ist als — historisch — erste die zu erwähnen, welche die caisse d'escompte ergriff.

Die ersten Staatsnoten waren keine förmlichen, sondern hatten das Äußere von Banknoten. Deshalb betrachtete sie auch damals noch die caisse d'escompte lediglich als ihre Noten und löste sie — fakultativ — in Hartgeld ein. Um ihren Plan durchzuführen, mußte sie Hartgeld, d. h. eine Ware mit schwankendem Preise, größtenteils im Auslande mit bedeutendem Disagio kaufen. Mit dem teuer erkauften Hartgelde löste sie dann, soviel sie gerade konnte, Noten in Paris ein. Die caisse d'escompte war nämlich in dem Irrtum befangen, die Einlösung der Noten müsse in barem Gelde erfolgen. Sie wußte nicht, daß die Einlösung von Banknoten in valutarischem Gelde stattzufinden habe, schon deshalb nicht, weil sie den Begriff des valutarischen Geldes nicht kannte.

Hätte die Bank ihren Plan, die Einlösung aller scheinbaren Banknoten, durchführen können, so hätten in der Tat die Edelmetallmünzen kein positives Agio erhalten können. Dazu war sie natürlich zu schwach. Die Einlösung in akzessorischem Hartgelde war unter den obwaltenden Umständen, bei der ständig zunehmenden Vermehrung des Papiergeldes völlig zwecklos. Die wenigen Einlösungen zum Nominalbetrag waren wie ein Tropfen auf einen heißen Stein.

Die konstituierende Nationalversammlung begriff, daß die caisse d'escompte die Einlösungen nicht ihren Statuten zuliebe vollzog, sondern im öffentlichen Interesse zu handeln suchte, und beschloß, ihr nachträglich die erlittenen Verluste zu ersetzen.[1])

Bei richtiger Erkenntnis der Sachlage hätte man ganz anders verfahren müssen und hätte unter Aufwendung der gleichen Opfer, wie sie die caisse d'escompte gebracht hatte, einige Erfolge erzielen können. Der Staat hätte von vornherein die Bank veranlassen und ihr sofort Mittel zur Verfügung stellen müssen, daß sie den französischen Wechselkurs durch Börsenoperationen, wenn auch nicht auf der Höhe zu erhalten, so doch ihn vor weiterem Fallen zu behüten suchte.

---

[1]) Dekret vom 4. Juni 1790.

Es hätte auch eine auswärtige Bank mit dieser Aufgabe betraut werden können.

Diese Einlösungen der caisse d'escompte fielen in der Hauptsache in das Jahr 1789 und in die erste Hälfte des Jahres 1790; in der zweiten Hälfte machten die scheinbaren Banknoten den förmlichen Staatsnoten Platz. Zu deren Einlösung fühlte sich die caisse d'escompte nicht mehr verpflichtet.

Die Nationalversammlung merkte den sinkenden Wechselkurs auch während der „reinen" Assignatenwährung, ebenso zu ihrem Schrecken das positive Agio des Goldes und Silbers. Sie glaubte, daran sei die mangelnde Deckung der Assignaten schuld.

Ihr Gedankengang war folgender, wie er uns in zahlreichen Gesetzen und Gesetzesbegründungen entgegentritt. Sie glaubte mit den Assignaten Staatsnoten von ganz besonderer Qualität zu schaffen. Sie sollten nämlich auf die große Masse der konfiszierten Nationalgüter „hypotheziert" sein. „Les assignats emporteront avec eux hypothèque, privilège et délégation spéciale, tant sur le revenu que sur le prix desdits biens". [1])

Ihnen sollte also der Ertrag und Verkaufspreis der Nationalgüter haften.

Die Hypothezierung dachten sich die Nationalversammlungen wie folgt:

Ging auf Grund von Verkäufen der Nationalgüter [2]) Hartgeld ein oder warfen diese sonst Erträge in Hartgeld ab, so sollten diese Einkünfte zur Einlösung von Staatsnoten verwendet werden. Sobald eine Million in Silbergeld beisammen wäre, sollten Assignaten zum Zweck der Einlösung ausgelost werden. Diese Vorschrift, die eine Einlösung des valutarischen Geldes in akzessorisches verlangte, wurde nie praktisch.

Für die Fälle, daß die erwähnten Zahlungen auf Nationalgüter in Assignaten gemacht würden, sollte die Hypothezierung

[1]) Dekret vom 16. und 17. April 1790.

[2]) Sie wurden meistens durch Vermittlung der Gemeinden versteigert.

dadurch stattfinden, daß man die eingehenden Assignaten verbrannte; lediglich zur Kontrolle wurden ihre Nummern protokollarisch vermerkt.

Tatsächlich war dies der einzig praktische Fall der sogenannten Hypothezierung. Anfänglich konnte der Erwerber von Nationalgütern sogar den Nachweis verlangen, daß die von ihm eingelieferten Staatsnoten tatsächlich verbrannt worden waren.

Man stellte sich die Assignaten vor als einen Fall des Realkredits. Jedem Assignat entspreche eine Scholle Erde. Sie seien kein „fiktives“ Zahlungsmittel, wie die andern Völker es hätten; sie seien wirkliche Immobiliardelegationen. Die Immobilien, die ihre Dekung bildeten, seien viel sicherer als z. B. die Schätze in den Kellern der Bank von Amsterdam, die ja gestohlen werden könnten.

Der Wert der Assignaten sei reell und evident. Sie könnten beliebig vermehrt werden, wenn sie nur durch Nationalgüter gedeckt seien. Sänken sie aber im „Kurse“, oder stände eine Vermehrung in Aussicht, so müßte möglichst viel Privateigentum konfisziert und zu Nationalgut erklärt werden.

Hauptsächlich daraus erklären sich die ungeheuren Konfiskationen. Konfisziert wurden die königlichen Domänen, die Güter der Emigranten — die mit den äußern Feinden gemeinsame Sache machten, also Verräter waren — und die Güter der Geistlichen im weitesten Sinne. Unter dem Konvente wurden vorübergehend sogar die Güter der Spitäler zu Nationalgut erklärt.

So sind auch die zahlreichen Schätzungen der Nationalgüter[1]) begreiflich, die fast alle ihren „wahren“ Wert feststellen wollen. Wissenschaftlich brauchbar ist unseres Erachtens keine dieser Schätzungen. Wir sehen ganz davon ab, daß sie an der Unbeständigkeit des Wechselkurses, des Angebots und der Nachfrage, an den örtlichen und provinziellen Verschieden-

---

[1]) Zitiert z. B. in Stourm, Histoire financière de l'ancien régime et de la révolution, II. S. 462.

heiten scheitern mußten. Noch weniger konnte einigermaßen genau der Nutzungswert festgestellt werden.

Die meisten dieser Schätzungen stammen nämlich von Parlamentariern und werden von ihnen in ihren Gelegenheitsreden in den Nationalversammlungen, bezw. im Konvente benützt. Sie wollen wohl auch wissenschaftlich nicht gerechtfertigt sein, sondern dienen nur publizistischen Zwecken. Sie sollen lediglich der Ausdruck sein für den ungeheuren Reichtum der Nation und der gewaltigen Gütermassen, auf denen die Assignaten hypotheziert seien.

Aber auch die anderen Schätzungen, die wissenschaftlichen Wert für sich beanspruchen, sind nicht brauchbar, weil sie von Metallisten ausgehen.[1]) Sie sehen das Hartgeld als unveränderlichen Wertmesser an und glauben danach die „valeur réelle des immeubles aliénés" feststellen zu können für die ganze Periode der Papiergeldwährung. Tatsächlich bewährten aber doch gerade damals die Edelmetalle ihre Natur als Ware.

Für unsere Betrachtung sind alle diese Berechnungen ohne wesentliche Bedeutung, da die Lehre von der Hypothezierung der Assignaten auf die Nationalgüter unseres Erachtens nicht zutrifft.

Trotzdem ist diese Ansicht herrschend und wird namentlich von Historikern vertreten. Kein Geringerer als Thiers in seiner „Histoire de la révolution française" vertritt sie. Sehr klar kommt sie bei ihm zum Ausdruck anläßlich der Besprechung der mandats territoriaux, die nur dem Namen nach von den Assignaten verschieden waren. Auch sie sollten auf die Nationalgüter hypothezierte Staatsnoten sein. Über sie schreibt er[2]):

---

[1]) So z. B. Ramel, l. c., S. 36 ff. Er legt seinen Berechnungen die offiziellen Schätzungen, die durch Multiplikation des Wertes der jährlichen Nutzungen erhalten werden, zugrunde. — Er will außerdem durch Addierung von Schätzungen aus verschiedenen Jahren den Wert der Güter für etwa 1 Jahrzehnt feststellen, während er bei der Unbeständigkeit der Verhältnisse höchstens für einen Moment festgestellt werden könnte.

[2]) 13. Auflage Band 8, S. 109.

Es sollten 2 Milliarden 400 Millionen dieser mandats geschaffen werden und ihnen sofort als Unterlage 2 Milliarden 400 Millionen Güter nach der Schätzung von 1790 gegeben werden („affecté"). Demnach konnten diese mandats keine anderen Schwankungen erleiden, als die der Güter selbst, da sie eine bestimmte Menge Güter repräsentierten. Sie könnten sich allerdings nicht mit dem Hartgeld auf „Pari" befinden, denn die Güter waren nicht wert, was sie im Jahre 1790 galten; aber sie mußten den gleichen Wert haben wie die Güter (mais ils devaient avoir la valeur même des biens).

Im gleichen Sinne spricht er sich an verschiedenen anderen Stellen seines Werks über die mandats und über die Assignaten aus. Gerade bei der Assignaten- und Nationalgüterfrage zeigt sich, wie wenig die sich auf das Geldwesen beziehenden wirtschaftlichen Erscheinungen während der großen Revolution von der Wissenschaft erklärt sind. Mißlungene Lösungsversuche sind außerordentlich zahlreich: sie erschweren nur die Aufgabe, anstatt sie zu erleichtern.

Die Assignaten waren die valutarische Geldart; steigende und sinkende Kaufkraft des valutarischen Geldes ist aber nichts anderes als das Steigen und Sinken des Wechselkurses. Dieser aber ist der Ausdruck der internationalen Zahlungsbilanz eines Landes.

Wir sehen im sogenannten Assignatenkurs den französischen Wechselkurs. Wir folgen hierin der staatlichen Theorie und begehen keinen Fehler, wie sich z. B. aus der Vergleichung des Pariser „Assignatenkurses" mit dem an der Hamburger Börse notierten Wechselkurs auf Paris ergibt. Die Schwankungen sind im großen und ganzen die gleichen.

Im Jahre 1789 führte das Stocken des Handels und der Industrie ein Sinken des Wechselkurses herbei. Er sank immer tiefer, je mehr Frankreich die notwendigsten Lebensmittel aus dem Ausland beziehen mußte, während die Inlandsproduktion immer mehr abnahm. Die Edelmetallmünzen wurden wegen des stets wachsenden positiven Agios exportiert — eine Folge des sinkenden Wechselkurses, aber nicht der Grund für das Sinken

„des Assignatenkurses“, wie man damals glaubte. Bei Barverfassung hätte sich der Wechselkurs für kleine und kurze Schwankungen automatisch regeln können, d. h. falls er sank, wurde Bargeld exportiert. Das Sinken wurde aber chronisch; der Staat hatte nicht die Macht, die Barverfassung zu erhalten. Er wurde zur Papiergeldwährung gedrängt; zweckmäßige Einrichtungen zur Regulierung des Wechselkurses fehlten aber. Es war für den Staat ein Kampf mit gänzlich unzulänglichen Mitteln. Die Krisis verschärfte sich, und der Wechselkurs sank weiter, als Frankreich seine Handelsbeziehungen infolge ausbrechender Kriege zunächst mit einzelnen, bald aber mit fast allen europäischen Staaten abbrach und immer mehr Soldaten an der Grenze aufstellen mußte, die nunmehr anstatt zu produzieren, nur konsumierten. Langfristige Kontrakte wurden schon sehr gewagt.

Der Wechselkurs wird beeinflußt durch Geschäftsabschlüsse und Stimmungen auf dem Markte. Immobilien, die ein Staat besitzt, haben in der Regel auf ihn keinen Einfluß. Den ausländischen Gläubiger interessieren Immobilien, welche er nicht zu erwerben beabsichtigt, nicht im geringsten. Wird aber sein Interesse erregt, so ist dies auf den Wechselkurs nicht ohne Wirkung.

Der Wechselkurs kann nämlich durch gewisse Mittel künstlich gesteigert oder auf der Höhe gehalten werden. Darunter kann man auch die Möglichkeit zählen, daß der Staat eine Masse Immobilien billig feil hält und ausländischen Kapitalisten so Gelegenheit bietet, ihr Kapital vorteilhafter im Inlande als im Auslande anzulegen. Denn dadurch wird im Auslande eine Nachfrage nach inländischen Zahlungsmitteln absichtlich hervorgerufen; dies bewirkt ein Steigen des Wechselkurses.

In dieser Form hätte der Verkauf der Nationalgüter — allerdings unter Überwindung großer Schwierigkeiten — zum Ziele führen können.

Die ganze Maßregel wurde aber falsch durchgeführt. Ausländer wurden mit der Zeit identifiziert mit Vaterlandsfeinden. Unter dem Konvent wurden sogar Güter vieler Ausländer konfisziert als Antwort auf die Konfiskation von Franzosen gehörigen Gütern, die im Ausland stattgefunden hatte.

Dann empfanden ausländische Kapitalisten keine Neigung, ihre Kapitalien in einem Lande anzulegen, das sich mitten in der Revolution befand, und dessen Volkswirtschaft der Vernichtung nahe stand. Auch die sogenannten décrets relatifs aux gens suspects mochten abschreckend wirken. Geldanlagen in Banken von Ländern, mit denen Frankreich Krieg führte, waren den Franzosen verboten; sie wurden zu Vaterlandsverrätern erklärt.

Die Revolutionsmänner wollten auch, daß nur Inländer ihre Kapitalien in Grundstücken anlegten und dem Staate so an der allmählichen Vernichtung der Assignaten behilflich seien. Sobald aber nur Inländer sich am Kauf der Nationalgüter beteiligten, hatte unseres Erachtens die Maßregel ihren Hauptzweck verloren, denn zu Nationalgütern hatten die Assignaten keine anderen Beziehungen als zu beliebigen anderen vom Staate zum Verkauf gestellten Objekten, z. B. zu alten Kriegsschiffen. Von einer Hypothezierung auf Nationalgüter zu sprechen, ist daher unzulässig.

Der Kauf von Nationalgütern war in Wirklichkeit nur eine Einzelverwendung unter den vielen Arten der epizentrischen Zahlungen. Die Nationalgüter wurden beständig vermehrt und immer suchte man die Veräußerung zu beschleunigen; aber dennoch schwankte der Assignatenkurs und sank sogar beständig. Daß die Anhänger der Hypothezierungstheorie auf die immer zunehmende Masse der Assignaten verweisen und damit den Kurs zu begründen suchen, zeugt von einer Verwandtschaft der Hypothezierungstheorie mit der Quantitätstheorie.

Der Verkauf der Nationalgüter gab so, wie er betrieben wurde, trotz steter Änderungen der Verkaufsarten zum Steigen, bezw. zur Aufrechterhaltung des Wechselkurses keinen Anlaß, ganz abgesehen davon, daß die Nachfrage in keinem Verhältnis stand zu dem plötzlichen Angebot so gewaltiger Grundstücksmassen.

Die Hypothezierung sollte im Verbrennen der eingehenden Assignaten ihren Ausdruck finden. Diese Vernichtung war aber zwecklos schon deshalb, weil man immer mehr Assignaten fabrizierte als verbrannte. Gleichgültig war dabei, daß man gerade diejenigen verbrannte, welche auf die Nationalgüter eingingen. Auch dann könnten wir die Verbrennung der Assignaten nicht verstehen, wenn man so viel verbrannt als fabriziert hätte. Erst wenn man weniger hergestellt als verbrannt hätte, wäre ein greifbarer Erfolg zu verzeichnen gewesen. Die Nationalversammlung hätte ihren — nunmehr kaum gerechtfertigten — Wunsch der sogenannten Hypothezierung (genau betrachtet lediglich Verminderung) der Assignaten in Erfüllung gehen sehen. Dann hätte es aber genügt, das Plus zu verbrennen, d. h. den Überschuß der eingehenden. Damit wäre aber auch das überflüssig gewesen, denn der Staat hätte mehr Einnahmen als Ausgaben gehabt — und mehr konnte er sich nicht wünschen.

Wie wir sehen, läuft die ganze Hypothezierungstheorie, wenn man tiefer eindringt, auf die Quantitätstheorie hinaus, da sie bewußt Ausländer nicht heranzieht und lediglich auf eine numerische Verminderung der Staatsnoten gerichtet ist. Sie ist eine mit falschen Vorstellungen verbundene Quantitätstheorie.

Der Inhalt der Quantitätstheorie, die ebenfalls von der französischen Wissenschaft zur Erklärung des französischen Wechselkurses vielfach herangezogen wurde, ist in den Grundzügen folgender: Treffe die Hypothezierung nicht mehr zu, weil die Menge der Assignaten zu groß und die Güter zu klein sei, so seien die Assignaten in dieser Weise aufzufassen: die Assignaten sind Wertpapiere wie andere; sie sind genau genommen Anweisungen auf Hartgeld; sie haben einen schwankenden Kurs gegenüber dem Metallgelde. Nach dem Grundsatze, je seltener eine Sache ist, um so wertvoller, und je häufiger im Verkehr, um so geringwertiger ist sie, muß es als selbstverständlich gelten, daß die Assignaten, je rascher sie vermehrt wurden, um so schneller im Kurse sanken. Die französische Wissenschaft ist der Ansicht dieser Quantitätstheorie, soweit sie nicht Thiers folgt.[1]) Einige Vertreter derselben lassen auch andere Gründe auf den „Assignatenkurs" wirken, legen ihnen aber nur sekundäre Bedeutung bei. Man sieht nur das positive Agio des Hartgeldes. Ein Wechselkurs in diesem Zusammenhang scheint unbekannt zu sein. Als ob Zahlung in Papiergeld keine Zahlung, sondern datio in solutum sei, ein Zahlen mit einer Anweisung auf Hartgeld! In Wirklichkeit geschieht doch die Zahlung mit einem staatlichen Zahlungsmittel und ist perfekt! Die Quantitätstheorie sieht nicht ein, daß die Funktionen des Papiergeldes und des Hartgeldes begrifflich identisch sind, und daß das Papierwährungsland ein Geldwesen und einen Wechselkurs hat wie ein Staat mit Metallwährung.

Für die Quantitätstheoretiker ergibt sich greifbar aus dem Assignatenkurs die Richtigkeit ihrer Ansicht; denn je mehr man die Assignaten vermehrte, fiel — nach ihrer Meinung — der Kurs. Wir lehnen aber die Quantitätstheorie auch in dieser Form ab in Übereinstimmung mit den Gründen, wie sie die staatliche Theorie des Geldes ergibt. Kann überhaupt mit jener Theorie eine Erklärung der Entwicklung des französischen Wechselkurses gegeben werden? Sie übersieht die Beziehungen des Wechselkurses zum Geldwesen und kann daher die Schwankungen des sogenannten Assignatenkurses (s. S. 63/64) nicht erklären. Der Assignatenkurs hätte nach den Grundsätzen der Quantitätstheorie immer fallen müssen, weil die Assignatenzahl immer nur vermehrt und nie vermindert wurde.

Das empfand auch ein moderner Schriftsteller, de Waha[2]); er erklärt die Schwankungen folgendermaßen:

---

[1]) z. B. Hoffmann, Réflexions sur les moyens de favoriser la circulation des assignats et de leur rendre leur valeur réelle S. 18/19: „Wir haben es erlebt, wie die Assignaten im Kurse fielen im gleichen Maße wie sie sich vermehrten; wir haben gesehen, wie das Hartgeld in gleichem Verhältnis aus dem Verkehr schwand, wie die Assignaten im Werte fielen und wie ihr Sturz das Hartgeld seltener machte. Es ist also handgreiflich, daß, wenn man die Masse der Assignaten vermindert, man ihren Wert erhöht".

[2]) Vierteljahrschrift für Sozial- und Wirtschafts-Geschichte. Bd. I. S. 533.

„Immerhin war es gelungen, den Assignatenkurs von Juli 1793 bis Weihnachten von 23 auf 40% zu heben trotz der in dieser Zeit erfolgten Kreierungen im Betrage von 2500 Millionen livres und der regelmäßigen monatlichen Emissionen. Hauptursache werden die drakonischen Strafbestimmungen gewesen sein, welche den Zwangskurs des Papiergeldes in der energischsten Weise sanktionierten. Bei jeder Wiederholung einer solchen Bestimmung schnellte der Assignatenkurs momentan bedeutend in die Höhe, um sofort wieder, allerdings nicht mehr so tief wie er vordem gestanden, zu fallen. Es gelang denn auch, denselben bis zum Sturze der Schreckensherrschaft auf durchschnittlich 36% zu erhalten. Erst nach dem Sturze Robespierres fiel er zunächst unter 20% und von brumaire IV (Okt. bis Nov. 1795) an unter 1% des Nominalwertes."

Die erwähnten Strafbestimmungen sind 4 Dekrete, datiert vom 11. April, 1. August, 5. September 1793 und 10. Mai 1794. Das Dekret vom 11. April verbot unter Kerkerstrafe hauptsächlich den Verkauf und Ankauf von Edelmetallmünzen als Ware. Das Dekret vom 1. August bestrafte denjenigen, der Assignaten in Zahlung zu nehmen sich weigerte, oder solche mit Verlust ausgab oder annahm. Das vom 5. September gab im großen und ganzen die gleichen Bestimmungen, nur drohte es, falls der Delinquent eine staatsfeindliche Absicht hatte, die Todesstrafe an. Das vom 10. Mai rekapitulierte im allgemeinen die Dekrete und verschärfte die prozessualen Anordnungen. Aus der bloßen Vergleichung der Gesetzesdaten und dem Zeitpunkt des sogenannten Emporschnellens des Assignatenkurses ergibt sich aber, daß diese Lösung nicht befriedigen kann. Da der Wechselkurs kommerziell, nicht durch autoritativen Staatsakt bestimmt wird, sind solche drakonische Strafbestimmungen für eine günstige Gestaltung des Wechselkurses wenig geeignet; ein Staat, der zu solchen Mitteln greift, flößt dem Ausland kein Vertrauen ein.

Im April 1793 und Mai 1794 sank der Wechselkurs, im

August und September 1793 stieg er allerdings; dieses Steigen war aber so minimal, daß wir es ignorieren können.

Das große Steigen des Wechselkurses fiel vielmehr auf den Herbst 1792 und 1793.

In der zweiten Hälfte des Jahres 1792 stieg der „Assignatenkurs" in Paris und der französische Wechselkurs in Hamburg über 10%.

Von Anfang bis Mitte 1793 fiel der Kurs an beiden Plätzen um etwa 50%.

In der zweiten Hälfte des Jahres 1793 stieg er in Paris um etwa 25%, an einigen französischen Börsenplätzen um etwa 30%, in Hamburg sogar um etwa 50%.

Diese 3 auffälligen Erscheinungen, die bei näherer Betrachtung des französischen Wechselkurses sich zeigen, lassen sich weder mit den genannten Strafdekreten, noch mit der Quantitätstheorie vereinbaren, und dies um so weniger, als während des ersten Steigens des Kurses eine Vermehrung der Assignaten um etwa 900 Millionen livres stattfand und während des zweiten Steigens sogar eine solche von über 1 Milliarde livres.

Von 1794 ab fiel allerdings nur noch der Wechselkurs. Man hatte den Betrag von 6 Milliarden livres erreicht und fuhr beständig mit der Vermehrung der sich im Verkehr befindenden Staatsnoten fort. Es fand nur noch ein Fallen des Wechselkurses statt und zwar ohne Unterbrechung, so wie die Quantitätstheorie es verlangt.

Die neue Entwickelung des Wechselkurses begann Ende 1792. Um diese Zeit brach Frankreich, wie schon kurz erwähnt, mit fast allen Kulturländern den Handel ab, weil es mit ihnen Krieg führte. Der Wechselkurs konnte nur noch zum geringen Teile der Ausdruck von Handelsbeziehungen sein. Jetzt finden wir ein erstaunliches — den Anhängern des Assignatenkurses unerklärliches — Schwanken des Wechselkurses. Es war der Ausdruck von exodromischen Maßnahmen im weitesten Sinne, die unmittelbar auf das Ausland zu wirken vermochten: die Siege, welche die Franzosen errangen, und die Niederlagen, die sie erlitten.

Die Siege bei Valmy, am Rhein und in Belgien in den letzten Monaten 1792 fanden ihren Ausdruck in einem Steigen des französischen Wechselkurses.

Die Niederlage Dumouriez' bei Neerwinden, der Rückzug Custines vom Rhein, der Aufstand der Royalisten im Innern Frankreichs kamen in einem gewaltigen Sturze des französischen Wechselkurses vom Januar bis August 1793 zum Vorschein.

Die Siege von Jourdan in Belgien und von Hoche im Elsaß in der zweiten Hälfte, namentlich im Dezember 1793, und die Erfolge der Republikaner im übrigen Frankreich fanden ihren Ausdruck in einem ebenso überraschenden Steigen des Wechselkurses.

Auf den Wechselkurs sind eben nicht nur Handelsbeziehungen, sondern auch Stimmungen auf den Märkten von Einfluß. Durch Siege werden günstige, durch Niederlagen schlechte Stimmungen hervorgerufen, die dem Wechselkurs eine entsprechende Tendenz verleihen können. Von ungünstigem Einfluß waren jedenfalls die systematischen Assignatenfälschungen, die im Auslande betrieben und dort von den Regierungen — insbesondere in England — nicht nur geduldet, sondern sogar nachhaltig unterstützt wurden. Es war das ein politisches Kampfmittel, das im 18. Jahrhundert nicht vereinzelt dasteht.

Die kommerziellen Beziehungen Frankreichs zum Auslande hörten aber nicht völlig auf; zu der Schweiz, Amerika und Skandinavien dauerten sie fort. So erklärt es sich, daß provinzielle Unterschiede im Wechselkurse bestehen blieben. Auch der Handel mit Hamburg wurde durch die Revolutionskriege verhältnismäßig wenig berührt; von den Bestimmungen über Sequestration waren zum Beispiel Forderungen der Hamburger Bürger ausgenommen. Der dortige Wechselkurs auf Paris ist sehr anschaulich und deshalb für unsere Zwecke herangezogen worden.

Unter der Schreckensherrschaft waren die Assignaten leichtsinnig vermehrt worden, und mit ihrer Vermehrung fuhr man noch fort. Je mehr der Wechselkurs sank, um so mehr Assignaten mußten hergestellt werden, denn nominell stiegen entsprechend die Bedürfnisse des Staates, eine Wechselwirkung, die erst bei der durch die völlig zerrütteten politischen und wirtschaftlichen Verhältnisse hervorgerufenen planlosen Vermehrung eintrat. Jetzt war nur noch ein Sinken des Wechselkurses möglich. Darin liegt unsererseits keine Konzession; die staatliche Theorie des Geldes hat nie eine leichtsinnige Vermehrung notalen Geldes befürwortet. Ein geringes Steigen im Juli 1794 kann vielleicht auf Jourdans Sieg bei Fleurus am 26. Juni zurückgeführt werden. Infolge der unmäßigen Vermehrung mußte jede exodromische Maßnahme, jeder noch so große Sieg ohne Einfluß auf den Wechselkurs bleiben.

In dieser Periode des Papiergeldes fiel es besonders auf, daß fast jedes Departement seinen eigenen „Assignatenkurs" hatte. Die französischen Fachmänner erklären dies folgendermaßen:

Die Assignaten seien nicht überall mit der gleichen Raschheit verbreitet worden. Da wo sie zahlreich gewesen wären, waren sie im Verhältnis zu den Edelmetallen im Kurse gesunken, da wo sie weniger zahlreich, also seltener gewesen wären, hätten sie einen höheren Kurs gehabt.

Die französischen Schriftsteller stehen also konsequent auf dem Standpunkt der Quantitätstheorie. In diesem Zusammenhang erscheint sie geradezu naiv. Wie wäre es denkbar, daß nach zahlreichen Provinzen vom Fabrikationsorte der Assignaten, Paris, z. B. nach dem Zentrum von Frankreich weniger Assignaten gelangten, als nach dem entfernten Straßburg oder Bordeaux!

Wir kennen keinen Assignatenkurs, sondern einen schwankenden Wechselkurs, einen schwankenden Kurs des valutarischen Geldes. Dieser schwankte je nach den Beziehungen, die die betreffende Wirtschaftsprovinz Frankreichs zum Ausland hatte. Wir sprechen von Wirtschaftsprovinzen. Diese fielen zwar fast immer mit den politischen Provinzen zusammen. Begrifflich ist das aber nicht erfordert. Eine

Wirtschaftsprovinz, die nur wenig importierte, hatte einen besseren Wechselkurs, als diejenige, deren Import den Export bedeutend überstieg. Die Wirtschaftsprovinzen an der Grenze Frankreichs, die in lebhaftem Verkehr mit dem Ausland standen — wie das Elsaß und die Gebiete am Ärmelkanal, oder die Departements an den unteren Flußläufen, besonders der Seine, Garonne und Rhone, die mit dem Ausland auf dem Seeweg verkehrten, — wiesen einen niedrigen Wechselkurs auf. Dagegen hatten die Gebiete im Zentrum von Frankreich und die Grenzgebiete, die mit dem Auslande wenig Verkehr hatten — in den Hochalpen und Pyrenäen —, einen vorteilhafteren Wechselkurs, weil sie, vorwiegend Ackerbau treibend, sich sozusagen selbst genügen konnten. So erklärt sich auch ohne weiteres die damals als höchst merkwürdig bezeichnete Tatsache, daß in Departements, in denen keine großen Städte waren, noch Hartgeld im Zahlungsverkehr vorkam.

Es mußte daher eine Maßnahme des Konvents zur Hebung des „Assignatenkurses", die in diesem Zusammenhang zu nennen ist, ohne Erfolg bleiben. Ein großer Teil von Belgien, Savoyen, Nizza und von dem deutschen Reiche die Gegend bis Frankfurt am Main war Ende 1792 von den französischen Truppen besetzt worden. Die provisorischen Behörden in diesen Gegenden wurden ausdrücklich angewiesen, die Assignaten valutarisch zu handhaben.[1]) Der Konvent war der Ansicht, daß dadurch den Assignaten ein größeres Verbreitungsgebiet eröffnet würde, weniger Assignaten im Geldverkehr Frankreichs vorkommen, d. h. die Assignaten seltener würden, und daher im „Kurse" steigen müßten. Die Hoffnungen des Konvents erfüllten sich nicht. Es wäre möglich gewesen, daß der Wechselkurs nicht mehr allein französisch gewesen wäre, sondern französich-belgisch usw., und daß dadurch der französische Wechselkurs auf Kosten der eroberten Länder hätte steigen können, während der Wechselkurs dieser Gebietsteile gesunken wäre.

Frankreich zerfiel aber in eine Reihe von Wirtschafts-

---

[1]) Cf. z. B. Art. 6 des Dekrets vom 11. April 1793.

provinzen, die fast alle einen selbständigen Wechselkurs aufweisen. Mit den neu eroberten Ländern kamen nur noch andere Wirtschaftsprovinzen hinzu.

In Belgien fiel dies am meisten auf. Dort hatten die Einwohner dazu eine besondere Scheu vor den französischen Staatsnoten, die nicht überwunden werden konnte. Hartgeld blieb die im Verkehr vorwiegende Geldart. Hierauf wurde irrtümlicherweise von den Belgiern das geringe Schwanken ihres Wechselkurses zurückgeführt und nicht auf die fortbestehenden Handelsbeziehungen und den ungleich günstigeren Stand ihrer ganzen Volkswirtschaft.

Diese Maßregel des Konvents, die Anfang 1793 anzuwenden versucht wurde, hatte nicht den gewünschten Erfolg; vielmehr sank um diese Zeit der Wechselkurs weiter. Infolgedessen entschloß sich der Staat zur Anwendung von andern Mitteln, von Strafbestimmungen, deren Inhalt der gleiche war, wie der der bereits früher zitierten Strafdekrete. Auch sie konnten nur eine ungünstige Wirkung auf den Wechselkurs ausüben.

Der Wechselkurs und demgemäß das positive Agio der Edelmetalle schwankte je nach der augenblicklichen Konjunktur in den einzelnen, unter sich im allgemeinen wenig in Beziehung stehenden Wirtschaftsprovinzen. Infolge des höheren Agios in einzelnen Gegenden wurde dort das Metallgeld rascher exportiert und verschwand schneller aus dem Zahlungsverkehr. Dieser Umstand ruft bei den Quantitatstheoretikern den Eindruck hervor, als ob sich infolge der Masse der Assignaten — denn anderes Geld sah man in den meisten französischen Provinzen jetzt nicht mehr — der „Assignatenkurs" verschlechterte. So kam man auf die Idee einer völlig unverständlichen Massenverteilung des Papiergeldes innerhalb Frankreichs Grenzen.

Schließlich sind wir eine Erklärung schuldig, wie das Bestehen eines besonderen Kurses der mandats territoriaux zu rechtfertigen ist. Daß diese Staatsnoten, die anscheinend nur äußerlich sich von den Assignaten unterschieden, einen besonderen Kurs haben konnten, scheint unserer Ansicht zu widersprechen.

Ein besonderer Mandatskurs entstand anfangs, wie wir schon andeuteten, dadurch, daß der Staat die mandats akzessorisch handhabte und im Gegensatz zu den valutarischen Assignaten zum vollen Nennbetrage annahm. Ein franc in Assignaten galt keinen franc; während ein franc in mandats zu diesem Betrage vom Staate in Zahlung genommen wurde.

Als die mandats valutarisch wurden, sank ihr Kurs gegenüber dem Metallgeld; das positive Agio des Hartgeldes wurde ihnen gegenüber also größer. Das erklärt sich daraus, daß der Wechselkurs, wie aus den Hamburger Börsennotierungen hervorgeht, zur Zeit dieses neuen Wertmessers nicht besser wurde. Es mußte daher das positive Agio des Hartgeldes gegenüber den mandats das gleiche werden wie gegenüber den Assignaten. Metallistisch ausgedrückt sank also der Kurs der mandats gegenüber dem Hartgelde. Darin erblickten die Revolutionsmänner eine Schädigung des Staates und nahmen die mandats nur noch zum Kurswerte an. Bald darauf fand ein Währungswechsel statt, und zwar wurde das Silbergeld valutarisch. Die mandats wurden akzessorisch und wurden weiter zum Kurse angenommen. Die Privaten hatten nach einem Zahlungsmittel, bei dem man nicht voraussehen konnte, wieviel es am nächsten Tage gelten würde, kein großes Verlangen; andererseits lag dem Staate an der Beibehaltung dieser „entwerteten" Papiergeldart nicht viel. Es ist deshalb begreiflich, daß der „Kurs" weiter fiel und zwar im Dezember 1796 unter 3%.

Das war die Entwicklung des französischen Wechselkurses in der von uns betrachteten Periode; sie war also eng mit der kommerziellen und der politischen Lage verknüpft. Die Beantwortung der Frage, ob den Staatsnoten nicht das Verdienst zusteht, die Revolution überhaupt ermöglicht zu haben, geht über den Rahmen unserer Abhandlung hinaus.

Wir haben gesehen, wie sehr es der staatlichen Verwaltung des Geldwesens (lytrischen Verwaltung) an einer klaren Vorstellung über ihre Aufgaben und die von ihr zu verfolgenden Ziele fehlte, insbesondere darüber, in welcher Weise die intervalutarischen Beziehungen verbessert werden könnten.

Es mußten denn auch Maßnahmen, die neben den bereits erwähnten als geeignet zur Begünstigung des „Assignatenkurses" versucht und ebenfalls zum Teil mit Hypothezierungs- oder Quantitätstheorie gerechtfertigt wurden, ohne Erfolg bleiben.

Die Wucherverbote konnten vielleicht für kurze Zeit den Getreidepreis ein wenig reduzieren. Es ist bekannt, welche Rolle „die reichen Wucherer" in der Einbildung des notleidenden Volkes spielen. Wenn die Verbote überhaupt den Wechselkurs beeinflußten, so taten sie es nur in ganz beschränktem Maße. Die Exportverbote einer Reihe von Rohstoffen — Baumwolle, Wolle, Flachs, Hanf, Talg, Eisen, Blei, Kupfer, Zinn u. a. m. — waren vielleicht mit Rücksicht auf die von Frankreich geführten Kriege sehr angebracht, mußten aber den Wechselkurs drücken. Nach derselben Richtung wirkten die Gesetze über das Maximum[1]) — Zwangsdeklaration und eingehende Regelung und Kontrolle des Getreidehandels, später auch des Handels mit anderen Bedürfnisartikeln unter gesetzlicher Festsetzung eines Maximalpreises —, die damit gerechtfertigt wurden, daß wegen des wirtschaftlichen Abschlusses Frankreichs von den übrigen europäischen Staaten und der geringen Getreideproduktion im Inlande eine Hungersnot und ein hochgetriebener Wucher drohte. Gewaltsame Preisbestimmungen haben aber immer einen problematischen Wert. Der Produzent hatte den Überschuß über den eigenen Bedarf herauszugeben und bekam dafür höchstens den Maximalpreis bezahlt. Diese kommunistische Maßregel hatte die Folge, daß nicht mehr produziert wurde, als man selbst nötig hatte; denn nur die Aussicht auf angemessenen Gewinn spornt zur Entfaltung der eigenen Wirtschaft an; auch der Händler, der sich seines Vorteils beraubt sah, hatte kein Interesse mehr am Abschluß neuer Geschäfte. — Ein künstliches Niedrighalten der Lebensmittelpreise durch Gewährung von Darlehen an Kommunen hätte in einer kurzen und unbedeutenden Krisis erfolgreich sein können. Unter den gegebenen Verhältnissen mußte

[1]) Insbesondere Dekret vom 4. Mai 1793 u. a.; abgeschafft durch Dekret vom 24. Dezember 1794.

auch diese Maßnahme schon deshalb wirkungslos bleiben, weil die Darlehen kein Ende genommen hätten —. Das Verbot einer Reihe von Inhaberpapieren, die Aufhebung sämtlicher Kreditinstitute, die Schließung der Pariser Börse, die Sequestration von Ausländern gehörigen Gütern u. a. mußten nur verderblich sein. Freiwillige und Zwangsanleihen zwecks Verminderung des Papiergeldumlaufs konnten ebenfalls nicht zum Ziele führen. Diese zum Teil naturwidrigen Bestimmungen waren tiefgehende Eingriffe in Privatrechte, die Handel, Ackerbau und Industrie in lästige Fesseln schlugen und die freie Entwickelung der Volkswirtschaft verhinderten.

Das Ausland fand auch ohne die systematische Absperrung keinen Anreiz, unter diesen Verhältnissen den französischen Markt aufzusuchen. Im März 1794 entschloß sich der Wohlfahrtsausschuß zu einer Maßnahme, die im Prinzip besser wie in der Art ihrer praktischen Durchführung war. Er wies Kaufleute in Südfrankreich an, Waren bis zu einem bestimmten Betrage zu exportieren, indem er sich richtig sagte, es sei vorteilhaft, ausländische Schuldner zu haben; ausländische Gläubiger könnten dann mit Devisen bezahlt werden. Der Wohlfahrtsausschuß schien zu ahnen, daß der Wechselkurs steigen würde, wenn die Zahl der ausländischen Schuldner möglichst groß sei und daß zu diesem Zweck der Exporthandel zu unterstützen sei. Er hätte dabei das volkswirtschaftliche über das rein fiskalische Interesse setzen müssen. Der Wohlfahrtsausschuß setzte aber das fiskalische über das volkswirtschaftliche Interesse und legte den betreffenden Kaufleuten die Verpflichtung auf, ihre Tratten auf das Ausland der Trésorerie gegen Assignaten zur Verfügung zu stellen, um selber Hartgeldsendungen für die Regulierung seiner ausländischen Verbindlichkeiten zu ersparen. Das war natürlich für die Kaufleute eine unbequeme Beschränkung. Der Staat hätte dem Export nicht nur freie Bahn lassen, sondern mit seinen Machtmitteln unter die Arme greifen müssen und hätte so auch für seine fiskalischen Zwecke viel sicherer und leichter

Devisen in die Hand bekommen. Es zeigte sich auch hier der gänzliche Mangel klarer ökonomischer Einsicht.

Seit dem Sturze der Schreckensherrschaft fing man an zu erkennen, daß die bis dahin eingeschlagenen Wege falsch waren, und begann allmählich, eine Wiederherstellung der früheren Zustände anzubahnen. Der Konvent war darauf bedacht, den finanziellen Verpflichtungen des Staates nachzukommen. Aus diesem Gesichtspunkt erklären sich die Bestimmungen für Staatsschulden, die auf Gold und Silber lauteten; sie wurden zwar auch in Papiergeld bezahlt, aber unter Berücksichtigung des positiven Agios der Metalle, trotzdem diese Anordnung für den Fiskus unvorteilhaft war. Sie bedeutete einen wesentlichen Fortschritt gegenüber der Schreckensherrschaft. Der Handel, also auch der Verkehr mit dem Auslande, sollte von nun ab ungehindert sich entwickeln können. Die Vorsätze, den Handel nach Möglichkeit zu unterstützen, kamen etwas spät. Schlimm hatten die Schreckensmänner gehaust, die in jedem Reichen, namentlich in jedem Großkaufmann, einen Kontrarevolutionär erblickten, der zu vernichten sei. Es trat nach der bewegten Zeit des Konvents ein Bedürfnis nach Ruhe und eine Sehnsucht nach geordneten Verhältnissen ein. Viele Fehler suchte man wieder gut zu machen. Im Jahre 1795 finden wir die Anfänge einer Reformgesetzgebung, die in den folgenden Jahren des Direktoriums fortgesetzt wurde und deren restlose Durchführung erst dem Konsulate vorbehalten war.

Die Börsen wurden zögernd nacheinander wieder geöffnet, zunächst bloß in Paris; sogar der Export von Gold- und Silbermünzen wurde gestattet, wenn gleichzeitig notwendige Bedürfnisartikel importiert wurden. Das Bestreben, den Handel zu fördern, hatte teilweisen Erfolg; er reichte jedoch nicht hin, den Wechselkurs zu heben, denn die Hungersnot in einigen Departements und die teuren Kriege gestalteten die wirtschaftliche Lage noch nicht wesentlich besser. Immerhin war die Tendenz vorhanden, aus der trostlosen wirtschaftlichen Lage herauszukommen. Erst dem Direktorium gelang es, mit der politischen auch die wirtschaftliche Aufrichtung des Staates zu verwirklichen. Damit war ihm auch die Kraft gegeben, zu einer besseren Geldverfassung überzugehen und eine gedeihliche Gestaltung der intervalutarischen Beziehungen zu ermöglichen.

SCHLUSS.

Die staatliche Theorie des Geldes steht dadurch in Widerspruch mit den übrigen Theorien des Geldes, daß sie eine „Papiergeldwirtschaft" mit festem Wechselkurs als durchaus möglich anerkennt. Sie setzt dabei besondere Einrichtungen eines finanziell starken Staates voraus. Das Frankreich der Revolution war aber finanziell ganz zerrüttet, und namentlich zeigt uns die ganze Anlage der Assignaten ein für die Aufrechterhaltung des Wechselkurses ungeeignetes System. Anstatt die caisse d'escompte zu einer Nationalbank zu machen, wie Necker es beabsichtigt hatte, anstatt in dieser Weise die Leitung des Geldwesens Fachmännern in die Hand zu geben, schuf man Papiergeld mit vermeintlich hypothekarischer Sicherheit.

Die Revolutionsmänner waren eben Metallisten; sie glaubten an das Münzpari und die Kreditnatur des Papiergeldes. Wir dagegen wissen, daß sowohl das valutarische Papiergeld als auch bei der Hartgeldwährung das valutarische Metallgeld dem schwankenden Wechselkurs unterliegt und in beiden Fällen von Kredit in diesem Zusammenhang keine Rede sein kann. Es fehlte an der zur Verwaltung einer Papiergeldwährung nötigen Erfahrung.

Nicht die übertriebene Assignatenemission rief eine Verteuerung der Lebensmittel und eine kommerzielle Krise hervor, sondern umgekehrt, letztere hatten die unmittelbare Folge, daß auch der Staat in Mitleidenschaft gezogen wurde und in eine Finanznot geriet, die ihm als Rettungsmittel die Ausgabe von Staatsnoten erscheinen ließ. Die ungeschickte Geldpolitik führte dann zu einer maßlosen Vermehrung derselben mit den bekannten haltlosen Motivierungen und verschärfte nur die

Krisis, in die Frankreich durch den Tiefstand der Volkswirtschaft geraten war.

Die Papiergeldwährung war also unheilvoll geworden, nicht weil das in ihrer Natur liegt, sondern weil der Staat, der Herr des Geldwesens, die zur Stabilität des intervalutarischen Kurses notwendigen Maßnahmen nicht kannte und jedenfalls während der zweiten Phase der Papiergeldwährung der finanziellen Kraft zu einer Durchführung derselben entbehrte. An dem unschuldigen Papiergeld blieb dann der Makel jener unglücklichen Periode hängen.

Die Silberwährung aber schien deshalb als das ideale Ziel, weil man Metallist war und so viel aus Erfahrung wußte, daß eine automatische Regelung des Wechselkurses mit ihr möglich sei.

Hätte in dieser schweren Zeit die Leitung der lytrischen Verwaltung in sachverständiger Hand gelegen, so wäre es wohl möglich gewesen, mit ungleich geringeren Opfern, wie sie „die Assignatenwirtschaft“ gekostet hat, den Wechselkurs, wenn auch nicht auf normaler Höhe zu erhalten, so doch seinen Sturz ganz erheblich abzuschwächen.

FSC
www.fsc.org
MIX
Papier | Fördert gute Waldnutzung
FSC® C083411

Kolibri 360 GmbH
Ferdinand-Jühlke-Straße 7
99095 Erfurt, Deutschland
produktsicherheit@kolibri360.de